DE MÃOS DADAS
ÉTICA E CIDADANIA

Avelino A. Correa • Amélia Schneiders

3º ano

Avelino A. Correa
Professor de Ensino Médio, formado em Filosofia e Teologia.

Amélia Schneiders
Professora de Ensino Religioso no Ensino Fundamental e Médio e de Didática e Prática de Ensino nos cursos de Magistério.

editora scipione

editora scipione

Diretoria editorial: Lidiane Vivaldini Olo
Editoria de Ciências Humanas: Heloisa Pimentel
Editoras: Regina Gomes, Solange Mingorance
Assistentes editoriais: Mirna Acras Abed Imperatore, Thamirys Gênova da Silva (estag.)
Gerência de revisão: Hélia de Jesus Gonsaga
Equipe de revisão: Rosângela Muricy (coord.), Ana Curci, Ana Paula Chabaribery Malfa, Luís Maurício Boa Nova, Vanessa de Paula Santos; Flávia Venézio dos Santos (estag.)
Supervisor de arte: Sérgio Yutaka Suwaki
Equipe de arte: Andrea Dellamagna (programação visual), André Gomes Vitale (produção de arte) e OAK Studio (editoração eletrônica)
Supervisor de iconografia: Silvio Kligin
Equipe de iconografia: Josiane Laurentino e Vanessa Manna (pesquisa), Nadiane Santos (assistência)
Tratamento de imagem: Cesar Wolf e Fernanda Crevin
Colaboração: Maria Luisa Naca, Saverio Lavorato Jr. e Maria Aiko Nishijima
Ilustrações: Rogério Coelho (capa e ícones das aberturas de unidade), Camila de Godoy, PriWi e Carol Juste

---

Direitos desta edição cedidos à Editora Scipione S.A.
Avenida das Nações Unidas, 7221, 3º andar, Setor D
Pinheiros – São Paulo – SP – CEP 05425-902
Tel.: 4003-3061
www.scipione.com.br / atendimento@scipione.com.br

Dados Internacionais de Catalogação na Publicação (CIP)
(Câmara Brasileira do Livro, SP, Brasil)

Schneiders, Amélia
 De mãos dadas : ética e cidadania : ensino fundamental, 1 / Amélia Schneiders, Avelino A. Correa. -- 11. ed. -- São Paulo : Scipione, 2014.

 Obra em 5 v. para alunos de 1º ao 5º ano.

 1. Ética e cidadania (Ensino Fundamental) I. Correa, Avelino A. II. Título.

14-09870   CDD-377.1

Índices para catálogo sistemático:
1. Ética e cidadania nas escolas   377.1
2. Ética e cidadania : Ensino fundamental   377.1

2023
ISBN 978 85 262 9436 3 (AL)
ISBN 978 85 262 9437 0 (PR)
CAE 506603 (AL)
CAE 506587 (PR)
Cód. da obra CL 738670
11ª edição
10ª impressão

Impressão e acabamento: Log&Print Gráfica, Dados Variáveis e Logística S.A.

Uma Publicação Abril EDUCAÇÃO

> Os textos bíblicos citados nesta obra foram retirados de várias edições da Bíblia e adaptados para uma linguagem mais adequada à faixa etária dos alunos.

Meu livro

Meu nome é _____

_____

Nasci no dia _____ de _____

_____ de _____

Coisas que gosto de fazer: _____

_____

_____

O nome da minha escola é: _____

_____

O nome do meu

professor é:

_____

_____

Cole sua foto e use os adesivos do final do livro para enfeitar a página.

∘ Sumário ∘

Aprendendo a amar, 8

UNIDADE 1

1. Amar também se aprende, 10
   Ler é gostoso: *Uma atitude de amor*, 11
   Brincando de filosofar, 11
2. Amar é uma arte, 14
   Ler é gostoso: *A minha família*, 15
   Brincando de filosofar, 15
3. Amar é um hábito, 18
   Ler é gostoso: *A sementinha*, 19
   Brincando de filosofar, 19
4. Amar exige bons hábitos, 23
   Ler é gostoso: *Lixo só na lixeira*, 24
   Brincando de filosofar, 24

Olhando mais longe, 27

Quem ama cuida, 28

UNIDADE 2

5. O que é cuidar?, 30
   Ler é gostoso: *Cuidados*, 32
   Brincando de filosofar, 32
6. Cuide de si mesmo, 36
   Ler é gostoso: *Egoísmo*, 37
   Brincando de filosofar, 37
7. Cuide dos outros, 40
   Ler é gostoso: *Os tucunarés*, 41
   Brincando de filosofar, 41
8. Cuide do meio ambiente, 44
   Ler é gostoso: *O pouco faz o muito*, 45
   Brincando de filosofar, 45

Olhando mais longe, 49

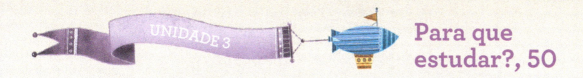

Para que estudar?, 50

9. Você vale mais que ouro, 52
   Ler é gostoso: *Alguns direitos das crianças*, 53
   Brincando de filosofar, 53
10. Estudar, estudar, estudar, 56
    Ler é gostoso: *Um menino sem futuro*, 57
    Brincando de filosofar, 57
11. Estudar para entender o mundo, 62
    Ler é gostoso: *A técnica de produzir fogo*, 63
    Brincando de filosofar, 63
12. Estudar para ajudar, 68
    Ler é gostoso: *Se eu pudesse*, 69
    Brincando de filosofar, 69

Olhando mais longe, 73

Aprendendo a ver, 74

13. Ver as coisas belas da vida, 76
    Ler é gostoso: *Quem é?*, 77
    Brincando de filosofar, 77
14. Ver TV, 80
    Ler é gostoso: *Recado do Menino Maluquinho*, 81
    Brincando de filosofar, 81
15. Ver além do que se vê, 85
    Ler é gostoso: *HQ Mafalda*, 86
    Brincando de filosofar, 86
16. Ver as pegadas de Deus, 90
    Ler é gostoso: *As pegadas de Deus*, 91
    Brincando de filosofar, 91

Olhando mais longe, 96

Comemorar para crescer

Dias especiais, 98
  Campanha da Fraternidade, 99
  Páscoa, 103
  Dia Internacional do Planeta Terra, 105
  Dia da Paz e da Não Violência, 109
  Dia das Crianças, 113
  Dia do Perdão – *Yom Kippur*, 116
  Natal, 120

Cantinho das canções, 124

CONHEÇA SEU LIVRO

Este livro está dividido em quatro unidades. Cada unidade contém quatro capítulos.

Nas aberturas de unidade há sempre uma mensagem para você! Observe a imagem e veja qual será o assunto principal dos capítulos da unidade.

Número do capítulo.

Título do capítulo.

O texto do capítulo traz informações e questionamentos relacionados a sua vida. Observe as imagens, leia os textos, pense e converse sobre eles com seus pais, seu professor e seus colegas.

Na seção **Ler é gostoso** há textos variados, como poemas, histórias, reportagens, relacionados ao assunto do capítulo. Como diz o nome da seção, você vai descobrir que ler é muito bom!

A seção **Brincando de filosofar** convida você a pensar sobre um tema. É um momento para refletir, discutir com os colegas, justificar e defender suas ideias.

A seção **Atividades** encerra cada capítulo. Encare esse desafio! Há vários tipos de atividade:
- Trocando ideias
- Ideias em ação
- Vamos refletir?
- Pensando juntos
- Momentos de oração

A seção **Olhando mais longe** encerra cada unidade. É uma reflexão sobre o que você aprendeu nessa etapa e o que isso vai servir para o seu futuro.

No fim do livro, mais atividades para você:

Dias especiais
Aqui você conhece as datas especiais, festas e costumes de diferentes religiões.

Cantinho das canções
Cantar é muito bom! Aqui você encontra letras de música para cantar com os colegas e o professor.

UNIDADE 1

APRENDENDO A AMAR

1. Amar também se aprende
2. Amar é uma arte
3. Amar é um hábito
4. Amar exige bons hábitos

Amizade

Uma formiga é amiga de outra formiga
que é amiga de outra formiga
que é amiga de outra formiga
que é amiga de outra...

Bem-te-vi e outras poesias, de Lalau e Laurabeatriz.
São Paulo: Companhia das Letrinhas, 1994. p. 16-17.

CAPÍTULO 1

Amar também se aprende

Você não nasceu sabendo o que sabe. Por exemplo:

Quem ensinou você a comer?
Quem ensinou você a ler?
Quem ensinou você a amarrar os cordões dos tênis?

Nem sempre é fácil aprender. Lembra-se de como foi difícil aprender a andar de bicicleta?

Só sabe quem aprende.

E amar? Amar também se aprende. Tem muita gente que não aprendeu a amar. Este é um dos motivos por que existe tanta inimizade, briga, roubo, violência e guerra no mundo.

Você quer aprender a amar?

Ler é gostoso

Uma atitude de amor

Um menino de uns 10 anos, descalço e tremendo de frio, olhava uma vitrine de uma loja de sapatos.

Uma senhora aproximou-se dele e disse:

— Em que você está pensando, menino?

— Estou pedindo a Deus um par de sapatos.

A senhora pegou-lhe a mão, entrou na loja e comprou um par de sapatos e meias.

Em seguida, pediu uma bacia com água morna e lavou os pés do menino. Depois de calçar-lhe as meias e os sapatos, perguntou:

— Está melhor agora?

O menino olhou o rosto da senhora e disse:

— A senhora é a mulher de Deus?

História reescrita pelos autores com base em um texto da internet.

Brincando de filosofar

Neste ano, vamos brincar de filosofar. A filosofia nos ensina a pensar melhor.

Então, pense e responda: por que é preciso aprender a amar?

ATIVIDADES

Vamos refletir?

1. Complete as frases abaixo com as palavras que estão dentro do coração.

- Quando você era bebê, aprendeu a _____.

- Agora você já sabe _____, correr, pular e dançar.

- Você já aprendeu a _____ e a esperar sua vez.

- Aprendeu também a ler, a _____ e a calcular.

- E você já aprendeu a _____?

2. Pense e responda:

Com quem você aprende...

- a falar? _____
- a vestir-se? _____
- a ter bons modos? _____
- a escrever com clareza? _____
- a prestar atenção na aula? _____
- a orar? _____
- a ser gentil? _____
- a amar? _____

3. Leia as frases, pense e escreva **SIM** ou **NÃO**.

Aquele que aprende a amar...

a) É mais feliz? _____

b) Quer o melhor só para si? _____

c) Quer que todos sejam felizes? _____

d) Ajuda a construir um mundo melhor? _____

e) Sempre culpa os outros? _____

f) Cuida de si e dos outros? _____

g) Respeita as pessoas e sua religião? _____

h) Ajuda os outros com alegria? _____

4. Circule neste quadro o que deve ser aprendido para AMAR.

gentileza	educação	egoísmo	carinho
respeito	preguiça	inveja	perdão
fofoca	amizade	palavrão	mentira

5. Leia a tirinha, pense e responda:

a) Você concorda com o Garfield?
_____

b) Quem você mais gosta de abraçar?
_____

c) De quem você recebe mais abraços?
_____

d) Para você, o que significa um abraço?
_____

CAPÍTULO 2

Amar é uma arte

O que é amar? Não é fácil dizer o que é amor em poucas palavras. Uma maneira de entender o amor é ver o que muitos pais fazem pelos filhos: dão carinho, cuidam, educam e se preocupam com eles. Os pais normalmente sofrem quando os filhos não estão bem e ficam felizes quando eles estão alegres. Dessa maneira, entende-se que amar é doar-se, é unir-se, é querer para os outros o que se deseja para si mesmo.

Amar é uma arte. E, para aprender uma arte, é necessário praticá-la, dedicar-se a ela. Se você, por exemplo, quiser ser músico, terá de estudar e exercitar a música. Do mesmo modo, se você quer aprender a amar, precisa praticar o amor e se importar com as pessoas.

Ninguém ama só uma pessoa. Quem sabe amar ama todas as pessoas, embora de maneira diferente: ama os pais como filho, ama o irmão como irmão, o colega como colega, ninguém fica de fora.

Além disso, podemos amar também a natureza, como as plantas e os animais.

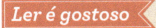

A minha família

Eu gosto
da minha mãe,
do meu pai,
do meu irmão.
Nem sei como tanta gente
cabe no meu coração!

Por enquanto eu sou pequeno, de Pedro Bandeira.
São Paulo: Moderna, 2012. p. 12.

Brincando de filosofar

Você acha que vale a pena aprender a amar? Por quê?

ATIVIDADES

Vamos refletir?

1. O mosaico é um tipo de trabalho artístico, você sabia? Neste mosaico da felicidade está faltando uma peça. Descubra qual é.

Mosaico: desenho feito com pequenas peças coloridas (pedrinhas, vidro, cerâmica, etc.) fixadas geralmente em paredes ou pisos.

A peça que falta é: A_____.

2. O que faz uma pessoa que ama? No espaço abaixo, desenhe seu rosto ou o rosto de uma pessoa de quem você gosta e escreva as palavras corretas nos espaços indicados.

respeita	perdoa	ofende	reparte
é egoísta	ajuda	compreende	despreza
é gentil	cuida	é indelicada	colabora

Quem ama...

16

3. Afinal, o que é AMAR? Desenhe um coração nas respostas corretas.

_____ É querer que a outra pessoa seja feliz.

_____ É ficar triste com o sofrimento dos outros.

_____ É não se importar com os outros.

_____ É alegrar-se com o sucesso dos outros.

_____ É deixar de lado quem é diferente.

_____ É repartir um doce gostoso.

_____ É ficar do lado de quem precisa.

4. Leia o texto, pense sobre ele e faça um desenho para ilustrá-lo.

Eu dou amor
 e recebo amor.
Eu sou feliz
 por ser quem sou.
E peço a todos,
 por favor:
Deixem o mundo
 um pouco melhor!

Momento de oração

Que tal escrever uma pequena oração pelas pessoas que você ama?

_____

_____

_____

CAPÍTULO 3

Amar é um hábito

Os bailarinos nos encantam com os movimentos que conseguem fazer com o corpo. Mas eles não nasceram bailarinos. Cada movimento foi aprendido aos poucos, com muito treino.

Thomas Barwick/Getty Images

Eles repetem tanto os mesmos movimentos que acabam executando-os naturalmente. O mesmo acontece no esporte e em muitas coisas na vida.

Grande parte do que fazemos é por hábito, costume. Em geral, o hábito é adquirido pela repetição.

Quem tem o hábito de escovar os dentes, por exemplo, já o faz frequentemente depois das refeições.

Para pensar: o que é que você faz por hábito?

A importância dos hábitos

Poucas pessoas sabem da importância dos bons hábitos. Eles nos ajudam a ser felizes. Por exemplo:

Se você adquirir o hábito de ler, certamente terá mais sucesso nos estudos.

Se você tem um horário para fazer as lições de casa, aprenderá com mais facilidade.

Se você tem o hábito de ajudar os colegas, terá mais amigos.

Se você tem o hábito de se preocupar com os outros, já está aprendendo a amar.

PniWi/Arquivo da editora

> **Ler é gostoso**

A sementinha

Se você não cuidar da sementinha
que mora em você,
ela vai morrer, ela vai morrer.
Se eu não cuidar da sementinha
que mora em mim,
vai ficar assim, vai ficar assim.
Sempre sementinha,
coitadinha, não vai crescer.

A sementinha. *A bonita arte de Deus* (LP), de Pequenos Cantores de Apucarana. Comep.

Brincando de filosofar

Pense sobre isso: você acha que as pessoas no mundo de hoje têm o hábito de amar? Explique.

ATIVIDADES

Trocando ideias

1. Para ler e depois conversar com o professor e os colegas.

Um menino, com muita fome, ganhou um prato de comida, oferecido por uma gentil senhora. Pôs-se logo a comer, com muita vontade. Na metade, parou e pediu um papel. Embrulhou, com cuidado, o resto da comida e explicou: "É para o meu amigo! Ele ainda não comeu hoje".

a) Você tem o hábito de pensar nos outros, como o menino do texto?

b) Você costuma doar brinquedos, livros e roupas que não usa mais para outras crianças? Como se sente ao fazer isso?

2. Leia a tirinha e converse com os colegas.

a) Você já vivenciou uma situação parecida com essa? Conte para os colegas.

b) Com quem você aprende a repartir?

Vamos refletir?

3. Responda **SIM** ou **NÃO**.

Você tem o hábito de...

- sorrir para as pessoas? _____
- respeitar as diferenças? _____
- ajudar alguém quando precisa? _____
- devolver o que pede emprestado? _____
- cumprimentar e agradecer? _____
- repartir o que pode ser repartido? _____
- fazer suas orações? _____

4. Escreva as palavras que representam os desenhos e depois releia as frases.

- Uma plantinha precisa de ☼ _____ para germinar e crescer.
- Uma pessoa precisa de ♥ _____ para ser mais feliz.
- Ninguém de nós pode dar ☼ _____ para as plantas.
- Mas todos nós podemos dar ♥ _____ para as pessoas.

5. O que seria do mundo sem o **amor**? Um escritor alemão respondeu assim:

"**Sem o amor, o mundo seria o mesmo que uma lanterna sem luz, ou seja, não seria NADA!**".

Agora, desenhe:

a) Uma lanterna sem luz.   b) Uma lanterna com luz.

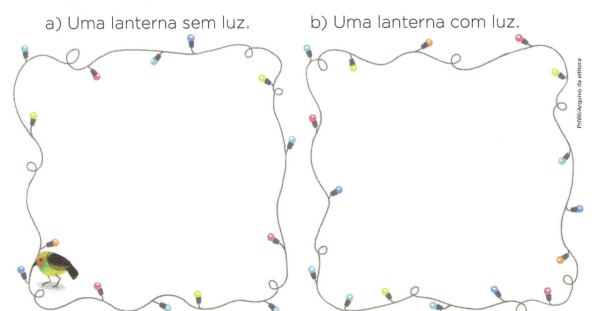

Observe as duas lanternas e converse com os colegas e o professor:

- Como você acha que se sente uma pessoa parecida com uma lanterna sem luz?
- E como se sente uma pessoa parecida com uma lanterna iluminada pelo amor?

Momento de oração

Escreva uma oração agradecendo os bons hábitos que você tem.

_____
_____
_____
_____

CAPÍTULO 4

Amar exige bons hábitos

Os bons hábitos nos tornam melhores. Há muitos bons hábitos. Por exemplo:

Ajudar as pessoas.
Não conversar enquanto o professor está dando aula.
Colaborar nas tarefas da casa.
Respeitar o ambiente em que vive.
Jogar lixo sempre na lixeira, nunca na rua.
Sempre recolher o cocô do seu cachorro da calçada e do parque.
Devolver ao dono os objetos encontrados.

Os bons hábitos são chamados de virtudes.

E os maus hábitos? São aqueles que prejudicam a nós e os outros que convivem conosco.

Sentir inveja, por exemplo, é um mau hábito. O invejoso quer para si o que os outros têm. Também não admite que alguém possua mais qualidades ou bens do que ele.

A preguiça é outro mau hábito. O preguiçoso não se esforça.

Ser orgulhoso pode ser um bom ou um mau hábito. É bom quando, por exemplo, você sente prazer e alegria pelo sucesso que alcançou com seu próprio esforço. Nesse caso, seus familiares e amigos também ficam orgulhosos de você.

O orgulho é ruim quando alguém se sente superior e despreza as outras pessoas, ou quando não admite que outros tenham qualidades iguais ou superiores às dele.

> Os maus hábitos são chamados de vícios.

Ler é gostoso

Lixo só na lixeira

Teresa, 8 anos, aprendeu em casa e na escola que os lugares públicos, como ruas, parques, rios e praias, são a continuação da casa dela. Por isso, estranhava que gente grande e pequena fizesse desses lugares uma grande lixeira.

Um dia uniu-se a um grupo de amigos e saiu pela cidade recolhendo sacos plásticos, bitucas de cigarro, papéis, cocô de cachorro e tudo o que não se joga dentro de casa.

Jogar lixo no chão é um mau hábito. Foto de rua na cidade do Rio de Janeiro, em 2011.

A atividade do grupo gerou notícias e comentários na escola, rádio, televisão e nos jornais.

O Grupo da Limpeza ganhou uma medalha da Secretaria do Meio Ambiente. Até hoje a cidade de Teresa é um exemplo de respeito à natureza.

Brincando de filosofar

Vale a pena adquirir bons hábitos? Por quê?

ATIVIDADES

Trocando ideias

1. Sob a orientação do professor, converse com a turma e depois desenhe uma estrela nas respostas que podem completar a frase abaixo.

Eu pratico bons hábitos quando costumo...

_____ devolver as coisas que peço emprestado.

_____ gritar com os outros.

_____ falar palavrões.

_____ fazer favores.

_____ cumprimentar as pessoas e sorrir para elas.

_____ falar "por favor", "obrigado" e "desculpe".

_____ ser gentil e tratar bem as pessoas, os animais e as plantas.

_____ empurrar os outros para chegar primeiro.

_____ deixar os lugares limpos e em ordem.

Vamos refletir?

2. Para completar as frases, escreva a primeira letra de cada desenho.

a) Os bons hábitos são chamados de _____.

b) Os maus hábitos chamam-se _____.

c) Para ser feliz, prefira sempre os _____ hábitos.

3. Colaborar é um **bom hábito**. Leia, pense e depois responda.

Eu colaboro,
Faço a minha parte,
Faço com gosto,
Faço com arte.

Como você colabora...

- em casa?

_____

- na escola?

_____

- na vizinhança?

_____

IDEIAS EM AÇÃO

Escolha uma das quadrinhas abaixo. Faça uma moldura ao redor dela e procure praticá-la:

Um "bom-dia" com um sorriso
deixa a todos animados.
Pois gostamos de nos sentir
sempre acolhidos e amados.

Um truque que aprendi
ao deixar de ser bebê:
nunca faça aos outros
o que não quer para você!

Baseado em: *"Por favor..." – Aprendendo sobre boas maneiras*, de Beatriz Meirelles. São Paulo: Scipione, 2009. p. 7 e 21.

Momento de oração

Diga com muita atenção e pense:

Perdão, Senhor, por tudo o que não fiz direito até hoje.
Com tua ajuda, quero melhorar sempre.

OLHANDO MAIS LONGE

Formar bons hábitos é uma tarefa que demora muito. É colocar tijolo sobre tijolo, como nas construções.
Ninguém, nenhum povo, torna-se educado de um dia para o outro. É preciso trabalhar, não desanimar. E assim, no futuro, seremos um povo educado, solidário e respeitador dos direitos de todos.

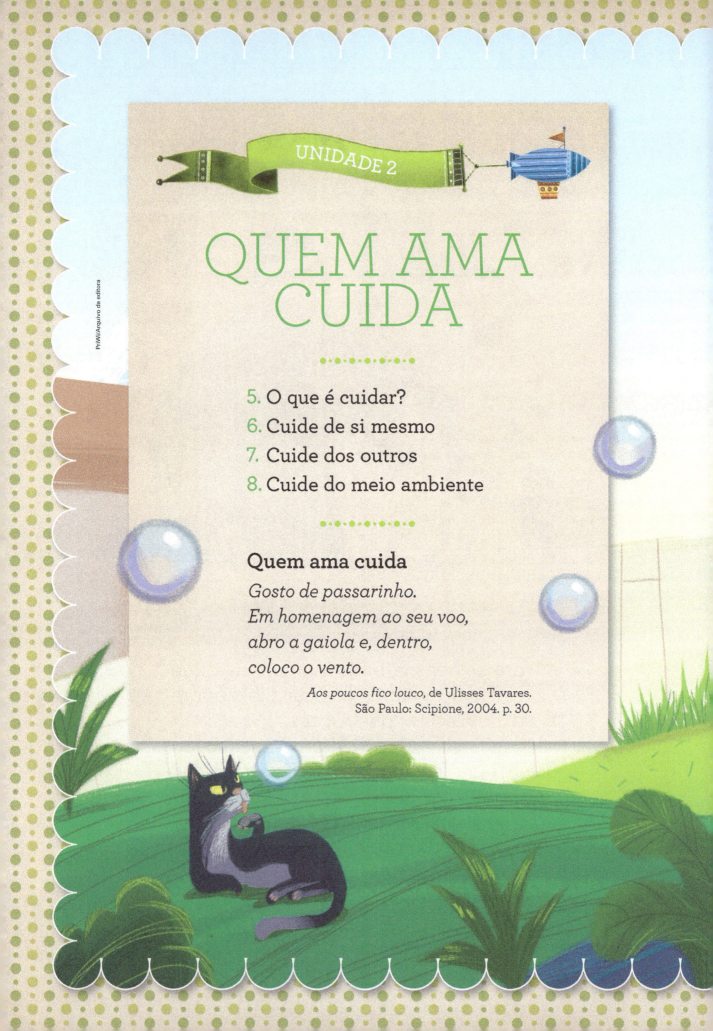

UNIDADE 2

QUEM AMA CUIDA

5. O que é cuidar?
6. Cuide de si mesmo
7. Cuide dos outros
8. Cuide do meio ambiente

Quem ama cuida

*Gosto de passarinho.
Em homenagem ao seu voo,
abro a gaiola e, dentro,
coloco o vento.*

Aos poucos fico louco, de Ulisses Tavares.
São Paulo: Scipione, 2004. p. 30.

CAPÍTULO 5

O que é cuidar?

Placa, na praia de Boa Viagem, em Recife, avisa sobre o risco de ataques de tubarões. Foto de 2011.

O que é cuidar? Cuidar significa muitas coisas. Por exemplo, cuidar é ser responsável por:
- sua saúde;
- sua higiene pessoal;
- seus dentes;
- seu material escolar;
- seu irmão;
- seu animal de estimação;
- sua casa;
- sua escola;
- seu meio ambiente.

Cuidar é viver com amor.

Cuidar é um bom hábito que ajuda você a:
- arrumar bem a cama;
- manter o quarto em ordem;
- tomar banho sem gastar muita água;
- escovar corretamente os dentes;
- fazer bem as tarefas escolares.

No seu bairro, você pode:
- ajudar os vizinhos;
- evitar incomodá-los com o volume alto do aparelho de som e da televisão;
- evitar brincadeiras barulhentas em horas de silêncio.

Na escola, você pode:
- prestar atenção às aulas;
- lavar as mãos sempre que necessário, principalmente antes do lanche e depois de ir ao banheiro;
- fazer as atividades com capricho;
- sempre apontar lápis na lixeira;
- manter a sala e o pátio limpos;
- ajudar os colegas nas tarefas;
- cuidar bem do material escolar, como os livros e cadernos.

A falta de cuidado

Por falta de cuidado, muita gente pode se prejudicar. Uns se queimam com fogo ou água quente, outros sofrem acidentes:
- *no trânsito;*
- *no mar, nos rios e nas piscinas;*
- *na rede elétrica.*

Portanto, todo cuidado é pouco.

Ler é gostoso

Cuidados

Cuidar
Do ar
Do mar
Da terra
Da mata
Da floresta
Do mundo.

Poema de Beatrice Schmitke. Disponível em: <http://pensador.uol.com.br/autor/beatrice_schmitke>. Acesso em: 14 ago. 2014.

Brincando de filosofar

Como pequeno filósofo, em que você pode melhorar para ser uma criança mais responsável?

ATIVIDADES

Trocando ideias

1. Ligue a frase a todos os bons hábitos.

- dar atenção especial.
- dar carinho.
- rir dos outros.
- tomar conta.
- deixar de lado.
- dedicar-se.

2. Esta é a Meg. Observe o desenho, troque ideias e responda:

Mig & Meg em Tirinhas – Coleção 1, de Márcia M. d'Haese. Curitiba: ARCO – Arte e Comunicação, 2000. p. 4.

a) O que a Meg está fazendo?

b) Você já teve oportunidade de fazer isso? Explique.

c) Que outros bons hábitos você costuma praticar?

Vamos refletir?

3. Todo ser vivo merece carinho, cuidado e proteção. E, para aprender a cuidar, nada melhor do que praticar. Observe como estas crianças praticam o cuidado. Escolha um adesivo no final do livro para ilustrar cada situação.

- **Fernanda** cuida de um bonsai, que é uma pequenina árvore. Ela o coloca no sol da manhã, joga água no vaso, afofa a terra e, de vez em quando, coloca adubo.

- **Natan** cuida do cachorrinho Veludo. Dá água, comida, carinho e brinca com ele. Uma vez por semana, Natan dá banho no Veludo. De vez em quando, leva-o ao veterinário.

- **Tainá** cuida da coelha Valentina. Dá água, comida e carinho. À noite, ela a coloca para dormir em sua casinha.

4. E você? De que ser vivo você cuida? Conte escrevendo nas linhas abaixo. Se não tiver nenhum, escreva sobre o que gostaria de ter e como cuidaria dele.

_____
_____
_____
_____

5. Olhe a Meg aí de novo! Leia a tirinha e depois responda:

Mig & Meg em Tirinhas – Coleção 1, de Márcia M. d'Haese. Curitiba: ARCO – Arte e Comunicação, 2000. p. 22.

a) Por que a Meg está tão chateada?

_____
_____

b) Em sua opinião, ela tem razão de estar assim? Explique.

_____
_____

c) O que você pode fazer quando vê alguém jogando lixo no chão?

_____
_____

d) Você acha importante cuidar do meio ambiente? Por quê?

_____
_____

CAPÍTULO 6

Cuide de si mesmo

Muita gente pensa que é egoísmo gostar de si mesmo. Mas não é. Gostar de si mesmo, saborear comidas saudáveis, brincar... Tudo isso é bom para as pessoas. Jesus disse que devemos amar ao próximo como a nós mesmos. Ele não condena, portanto, o amor a si mesmo. Mas ele quer que amemos os outros do mesmo modo.

O problema é quando a gente começa a amar mais os bens materiais (aqueles que o dinheiro pode comprar) do que os bens espirituais, como a bondade, a justiça, o amor.

Ame, pois, a si mesmo.

Quem quer ser feliz e ter muitos amigos precisa aprender a doar-se, a dedicar-se aos outros.

Querer e ter muitas coisas, de forma exagerada, é sinal de egoísmo. Quem quer tudo para si e não pensa nos outros acaba não tendo amigos.

: *Para pensar: e você?*
: *Sabe doar-se?*

Ler é gostoso

Egoísmo

Egoísta é uma pessoa que só gosta de si e pensa que o mundo foi inventado só pra ela. Quando dá uma nota de dez pra comprar uma coisa, quer o troco de cem.

Dicionário de humor infantil, de Pedro Bloch. Rio de Janeiro: Ediouro, 1997. p. 63.

💭 Brincando de filosofar

Dê um exemplo do que significa cuidar de si mesmo. Explique por quê.

ATIVIDADES

IDEIAS EM AÇÃO

1. Aí está a Pati! Observe o que ela está dizendo. Desenhe-se ao lado dela e escreva num balão de pensamento: **Eu me cuido!**

Mig & Meg em Tirinhas – Coleção 1, de Márcia M. d'Haese. Curitiba: ARCO – Arte e Comunicação, 2000. p. 19.

2. Escolha um destes avisos:
- Seja seu melhor amigo!
- Cuide de sua aparência!
- Cuide de sua saúde!

Agora faça o seguinte:

a) Escreva-o na plaquinha;

b) Escreva-o também num papel para expor no mural;

c) Ajude sua turma a organizar o mural da sala.

Trocando ideias

3. Pensar em si, gostar de si e cuidar de si... Tudo certo, mas só isso não basta! O que mais é preciso fazer?

_____
_____
_____

4. Agora, converse sobre as situações a seguir e escreva o que pode acontecer:

- se descermos uma escada com pressa e sem cuidado.

_____

- se atravessarmos a rua sem atenção.

_____

- se andarmos de bicicleta correndo ou sem cuidado.

_____

- se entrarmos muito fundo no mar.

_____

5. Como você completaria estas frases?

a) Para gostar dos outros é preciso primeiro _____.

b) Quem sabe cuidar de si sabe também _____.

c) Jesus falou assim: "Ama o teu próximo como _____".

CAPÍTULO 7

Cuide dos outros

Existem pessoas que já adquiriram o hábito de ajudar os outros.

Elas estão sempre dispostas a auxiliar quem precisa. Você conhece alguém assim? E você? Costuma ajudar os que precisam?

Muita gente não se preocupa com os outros e ainda lhes faz mal. Você conhece gente assim? Em sua cidade, que pessoas precisam de mais cuidados?

Muitos pais são exemplo de cuidado. Você também se importa com seus pais e irmãos?

Outro exemplo são os professores. Você colabora com eles durante as aulas?

Vários animais também cuidam de seus filhotes, que precisam de proteção. Você sabe como a galinha protege seus pintinhos?

Todos os seres vivos precisam de cuidados e proteção.

Ler é gostoso

Os tucunarés

No rio Amazonas, existe uma espécie de peixe que é um exemplo de dedicação aos filhotes. É o peixe tucunaré.

Os tucunarés fazem o ninho num buraco, escavando no fundo do rio, e ali depositam os ovos.

Dos ovos nascem os peixinhos, que são vigiados dia e noite pelos pais. Quando começam a sair do ninho, nadam bem pertinho um do outro. Em caso de perigo, os pais os conduzem rapidamente ao ninho. Os atrasados são cuidadosamente trazidos dentro da boca dos pais e devolvidos ao grupo.

Saber cuidar, de Leonardo Boff. Petrópolis: Vozes, 1999. p. 109. (Texto adaptado.)

Brincando de filosofar

Você já observou quem mais cuida dos outros em sua cidade?

— O prefeito?

— Os professores?

— Os vereadores?

— Os médicos?

— Os pais?

ATIVIDADES

Vamos refletir?

1. Um jeito de cuidar dos outros é ajudá-los.

- Você concorda? _____

- Existem muitas maneiras de ajudar os outros. Desenhe uma delas no quadro abaixo.

2. Leia, pense e circule as respostas que combinam com a frase: Cuidar dos outros significa...

tratar bem	ser gentil	ajudar	ficar longe
atrapalhar	dar carinho	preocupar-se	
ter respeito	fazer barulho	colaborar	amar

3. Leia e marque com **X** as informações corretas.

Cuidar é amar. Os pais normalmente amam seus filhos, por isso:

☐ orientam para que durmam cedo.

☐ pedem que comam verduras e frutas.

☐ deixam fazer tudo o que querem.

☐ compram tudo o que eles pedem.

☐ providenciam para que tomem as vacinas.

☐ supervisionam seus programas e horários de TV.

Trocando ideias

4. Para conversar com o professor e os colegas.

O que você poderia fazer:

- se visse um aluno sendo incomodado por outro?

- se um colega seu levasse um tombo e se machucasse?

- se sua mãe estivesse muito cansada e cheia de serviço?

- se visse alguém maltratando um cachorro ou um gato de rua?

- se alguém, na sua sala, risse do jeito de falar de outro colega?

IDEIAS EM AÇÃO

Releia a história dos tucunarés. Depois, faça um desenho da bela maneira como os pais cuidam de seus filhotes.

CAPÍTULO 8

Cuide do meio ambiente

Lixo nas ruas pode provocar alagamentos, como o desta foto recente, no bairro do Limão, em São Paulo.

Ar poluído, rios cheios de lixo, enchentes, ruas e calçadas sujas, barulho de buzina no trânsito durante a noite são alguns exemplos de falta de cuidado das pessoas com o ambiente em que vivemos.

O bairro, a cidade e o país onde moramos são nossa casa. Precisamos cuidar deles com carinho. Se cada um colaborar, o ambiente será mais agradável e seremos mais alegres e saudáveis. Você não acha?

Para pensar: o que você faz pelo meio ambiente?

Ler é gostoso

O pouco faz o muito

A praia é feita de milhares de grãozinhos de areia.
Portanto, o pouco faz o muito.
Uma multidão é feita de muitas pessoas juntas.
Portanto, o pouco faz o muito.
Um monte de lixo é feito de muitos lixos juntos.
Portanto, o pouco faz o muito.
Quando cada um dá uma pequena colaboração, as salas de aula, o pátio da escola, as praças públicas, as ruas, as praias e os rios ficam sempre limpos e bem conservados, porque o pouco faz o muito.

Avelino Antônio Correa

Brincando de filosofar
Por que ainda existe sujeira em boa parte de nossas ruas?

ATIVIDADES

Trocando ideias

1. Vamos relembrar o que é meio ambiente?
Ligue a frase a todas as respostas que a completam corretamente. Depois, releia tudo.

- nosso quintal
- nossa casa
- a calçada
- a rua
- a escola
- a praia
- o clube
- o planeta Terra

2. Você se lembra da Meg, indignada por causa de uma casca de banana? Converse com o professor e os colegas e depois responda.

a) Por que uma simples casca de banana incomoda tanto a Meg?

_____

b) O que pode acontecer com uma casca de banana jogada no chão?

_____

c) Como fica o pátio da sua escola durante o recreio?

_____

d) Você seria capaz de indignar-se diante da falta de cuidado com o meio ambiente? Explique como.

_____

Vamos refletir?

3. Observe a imagem ao lado. O que será que deixa o nosso planeta tão triste?

4. Agora, desenhe o planeta Terra sorrindo, feliz. Ao lado dele, escreva o que é capaz de fazê-lo sorrir.

5. As quadrinhas abaixo são um convite para cuidar do meio ambiente. Leia-as com atenção e pratique o que elas sugerem.

Cuide bem da natureza
no que está ao seu alcance.
Muito faz quem faz um pouco.
Pense nisso e passe adiante.

O planeta em que vivemos
já há muito tempo existe.
É preciso ter cuidado
para não deixá-lo triste.

Veja o verso, de Sylvio Luiz Panza. São Paulo: FTD, 1997. p. 5 e 7.

6. Leia a tirinha e depois responda às questões.

Revista *Recreio*. Edição Especial Tirinhas. São Paulo: Abril, 1990.

Observe que a alegria das tartaruguinhas durou pouco...

a) Por que elas estão fugindo do mar?

_____

b) Quem é responsável por essa poluição?

_____

c) Quem você acha que sofre mais com a poluição do meio ambiente?

_____

7. Complete os versos com as palavras do quadro.

| água | gente | ambiente | lugar | poluição |

Vamos preservar este lindo _____.

Sujar a _____ com poluente só causa mágoa

a toda _____.

E sem solução para a _____, acaba doente o

meio _____.

Momento de oração

Ajuda-me, Senhor, a melhorar meus hábitos. Quero aprender a cuidar do nosso planeta, principalmente das pessoas, das plantas e dos animais.

OLHANDO MAIS LONGE

CUIDAR é um dos verbos mais importantes da vida. Sem ele, tudo enfraquece e morre.

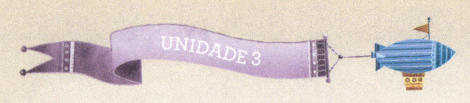

PARA QUE ESTUDAR?

9. Você vale mais que ouro
10. Estudar, estudar, estudar
11. Estudar para entender o mundo
12. Estudar para ajudar

O mundo é grande

*O gato de botas
botou o pé no mundo.
Viu coisas,
viu gente,
viu bicho manso,
viu serpente,
e viu o mais importante:
que era bom andar contente.*

Aos poucos fico louco, de Ulisses Tavares.
São Paulo: Scipione, 2011. p. 44.

CAPÍTULO 9

Você vale mais que ouro

Família indígena reunida. Eles são da etnia Cambeba e vivem na Comunidade Três Unidos, em Manaus, no Amazonas.

Você é amado pela sua família e pelos seus amigos. Para todos eles, você é mais importante que todo o ouro do mundo. Mas algumas pessoas agem como se as outras não tivessem importância alguma.

Milhões de crianças não têm carinho, saúde, comida nem escola. Essas crianças vivem assim porque ninguém cuida delas. Triste, não é? Por isso, agradeça a Deus, à sua família e aos seus amigos que cuidam de você.

Você já viu alguma criança abandonada?

No Brasil e no mundo, existem milhões de crianças que não estudam, não recebem os necessários cuidados médicos, não têm boa moradia nem tempo para brincar.

Muitos países ainda não resolveram esse enorme e triste problema. Quem sabe você irá ajudar a resolvê-lo quando for grande?

Para pensar: O que você pode fazer pelas crianças necessitadas agora?

Menino dormindo em rua de São Paulo.

> **Ler é gostoso**

Alguns direitos das crianças

Que o país em que vivemos dê condições a todos de moradia decente, alimentação e saúde garantidas, escola gratuita para as crianças e, principalmente, uma boa vida junto com a família.

Criança tem direito à educação. Tem de crescer saudável, praticar esportes, brincar, passear e se divertir.

Criança tem de ter quem a proteja, quem tome conta dela. Criança não deve sofrer.

A Constituição para crianças, de Liliana Iacocca e Michele Iacocca. São Paulo: Ática, 2011. p. 5-7.

Brincando de filosofar

Em muitos países, as crianças são mais bem cuidadas do que no Brasil. Você sabe por quê?

ATIVIDADES

Vamos refletir?

1. Pare e pense! Que pessoas gostam de você pra valer? Escreva ao redor da estrela.

2. Você se considera uma criança respeitada em seus direitos? Desenhe uma estrela em cada um de seus direitos respeitados.

_____ Tenho uma casa para morar.

_____ Muitas pessoas gostam de mim.

_____ Tenho uma família amorosa.

_____ Estudo em uma boa escola.

_____ Tenho boa alimentação.

_____ Recebo cuidados de saúde.

_____ Pratico esportes, brinco e passeio.

3. Escreva um agradecimento a Deus por todos os seus direitos que são respeitados.

4. Agora veja como é a vida do Joãozinho. No espaço ao lado do texto, faça o desenho dele.

Lá vai o Joãozinho
correndo na praça,
vagando descalço,
morando na rua,
comendo no lixo,
lutando sozinho...

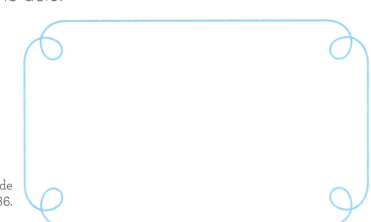

Herói ou malandro (LP), de Gildásio Mendes. Comep, 1986.

Trocando ideias

5. Converse com o professor e os colegas:

- Em sua opinião, os direitos do Joãozinho estão sendo respeitados?
- Na sua cidade existem crianças como ele?
- O que podemos fazer por essas crianças?
- Quais são os principais direitos das crianças?
- Por que existe o Dia das Crianças e quando ele é comemorado?

Momento de oração

Para ler com os colegas e o professor.

Oração de uma criança

Escuta, Pai do Céu, a oração
que brota do meu coração:
Que toda criança, seja onde for,
tenha um berço acolhedor
cheio de afeto e calor.

Que toda criança recém-nascida
seja por todos bem acolhida
e tenha paz por toda vida.
Que nunca mais haja guerra
em qualquer canto desta terra.

Pequenas orações para sorrir, de Sylvia Orthof. São Paulo: Paulinas, 1999.

CAPÍTULO 10

Estudar, estudar, estudar

Talvez você não saiba o valor dos estudos. Você ainda terá bastante tempo de escola. Aliás, hoje muita gente continua estudando durante toda a vida. Muitos profissionais, como mecânicos, técnicos, dentistas e médicos estão sempre fazendo cursos para se aperfeiçoar.

Estudar é importante para ter uma profissão. Mas também serve para aprender coisas novas e entender melhor o mundo, a natureza e até as pessoas. Além disso, estudar aumenta a alegria que sentimos ao ler um bom livro, uma bela e divertida história.

E tem mais. O país que não prepara suas crianças e jovens não terá bons técnicos e profissionais no futuro. Ou seja, não se desenvolverá.

Ainda há muito a ser feito para melhorar a educação no Brasil.

Você pode fazer sua parte, frequentando a escola e fazendo suas lições de casa. Aos poucos, você vai perceber que estudar abre para nós um mundo de descobertas.

> Ler é gostoso

Um menino sem futuro

Dionner Moura, de 6 anos, sonha em ganhar dinheiro para poder comprar novamente uma bicicleta. A vida de Dionner não é diferente da maioria dos meninos do lugar onde mora.

Ele acorda às 4 horas da manhã todos os dias e segue na carroceria de um caminhão para trabalhar na colheita do algodão. Ele acompanha sua mãe de 35 anos.

Quando tinha 3 anos, Dionner chegou a ter uma bicicleta. Mas sua mãe teve de vendê-la para comprar uma passagem com destino ao Paraná.

Ele não sabe o que é o Natal, nunca foi à escola. Entre os poucos prazeres que conhece está o de tomar sorvete. Ele se alimenta diariamente de arroz e batata.

O cidadão de papel, de Gilberto Dimenstein. São Paulo: Ática, 2012. p. 111. Adaptado para fins didáticos.

💭 Brincando de filosofar

Como você explica a seguinte comparação?

"Se um país é uma árvore, a criança é um fruto."

Gilberto Dimenstein

ATIVIDADES

Vamos refletir?

1. ESTUDAR é uma palavra cheia de significados. Veja quantas coisas ela representa:

Ela também pode significar: LER, ESCREVER, CALCULAR...

Experimentar
Saber
Testar
Unir
Descobrir
Aprender
Refletir

a) Dessas palavras, há alguma que você não entendeu?
_____

b) Qual? Peça ao professor para explicar.
_____

c) De todas elas, qual você achou a mais importante? Explique por quê.
_____

d) Você se dedica com carinho ao estudo? Comente.
_____

2. Uma triste constatação... Veja a manchete a seguir.

> Brasileirinhos chegam ao 3º ano sem saber o suficiente sobre ler, escrever e calcular.

Essa manchete foi publicada em 25 de agosto de 2011, no jornal *A Notícia*, de Joinville, e traz o resultado de uma pesquisa realizada em todo o país.

Pense e responda só no seu coração:

a) Você pertence a esse grupo de brasileirinhos?

b) O que você pode e deve fazer para não pertencer a ele?

3. Será que você estuda tanto quanto a Júlia, irmã da Meg? Logo abaixo, responda apenas **SIM** ou **NÃO**.

- Você acredita que é inteligente? _____
- Sabe que nasceu para aprender? _____
- Tem curiosidade? _____
- Costuma fazer perguntas? _____

- Acha que já aprendeu o suficiente? _____
- Gostaria de aprender mais? _____
- Valoriza as oportunidades? _____
- Consegue usar o que aprendeu? _____

4. Pense bem antes de responder:

a) O que você mais gostou de aprender até hoje?

_____

_____

b) O que você gostaria de aprender ainda?

_____

c) Você acha importante estudar e aprender sempre mais? Por quê?

_____

_____

_____

5. Pode-se estudar e aprender em toda parte. Mas as escolas foram especialmente criadas para isso. Desenhe, no seu caderno, a sua escola e depois complete as lacunas.

- O nome da minha escola é _____ .

- Meu professor, ou professora, chama-se _____ .

- Na minha sala há _____ alunos.

- Os colegas que sentam perto de mim são: _____ .

- Acho a minha escola _____ .

Trocando ideias

6. Converse com o professor e os colegas e depois responda:

a) Há crianças que caminham longas distâncias para ir à escola. E você, como vai à escola?

b) Há crianças que gostariam de ir à escola, mas não podem. E você, gosta de ir à escola? Por quê?

c) Há crianças que ajudam os pais nas tarefas da casa.
E você, o que faz para ajudar seus pais em casa?

_____

_____

7. Estas frases são da Bíblia. Pense nelas, comente com a turma e depois desenhe belas molduras.

Se você parar de aprender,
logo vai começar a esquecer
as coisas que já sabe.
Provérbios 19,27

Preste atenção
quando os outros ensinam
e aprenda tudo o que puder.
Provérbios 23,11

CAPÍTULO 11

Estudar para entender o mundo

O estudo ajuda a revelar vários mistérios da natureza. Na foto, em Paraibuna (estado de São Paulo), pesquisador explora uma área em busca de objetos de pessoas que ali viveram há muito tempo. Foto de 2013.

Antigamente, as pessoas morriam facilmente porque não sabiam o que acontecia ao seu redor. Com o tempo, por meio da observação e pesquisa, foram adquirindo muitos conhecimentos e experiências. Aprenderam, por exemplo, que o veneno da cobra pode matar, mas que outros animais são inofensivos, que certas árvores dão frutos comestíveis, e assim por diante.

Naquela época também não entendiam os fenômenos naturais, como as mudanças da lua, os dias quentes e os dias frios, a chuva e o sol... Não faz muito tempo, a humanidade descobriu que é a Terra que gira em torno do Sol. Antes se pensava que o Sol é que girava em torno da Terra. Ainda hoje, há muitos estudiosos dedicados a entender a natureza.

O corpo humano também vem sendo estudado há muito tempo. Cada vez mais aumenta o conhecimento da função de cada órgão do corpo, como o coração, os olhos e os pulmões. Assim, as pessoas podem viver mais e melhor. Antigamente, vivia-se a metade do tempo que se vive hoje.

Para pensar: você gostaria de fazer pesquisas como essas?

> Ler é gostoso

A técnica de produzir fogo

A técnica de fazer fogo foi uma das maiores conquistas da humanidade. Antes, o fogo só era possível quando um raio caía em uma árvore e provocava um incêndio numa floresta, por exemplo.

Com o desenvolvimento da inteligência e por meio da observação, as pessoas conseguiram produzir fogo. Faziam isso de duas maneiras:

- batendo uma pedra em outra e produzindo faísca, que atingia alguma palha;
- friccionando um graveto seco em uma madeira até produzir a faísca, atingindo a palha.

Com a produção do fogo, as pessoas puderam iluminar as cavernas onde moravam, cozinhar a carne, espantar os animais selvagens e se aquecer nas épocas de frio.

Brincando de filosofar

Como filósofo-mirim, que argumentos (provas) você usaria para incentivar um amigo a levar o estudo a sério?

ATIVIDADES

Trocando ideias

1. Depois de ler os textos, converse com o professor e os colegas sobre a questão a seguir.

> O mundo é um quebra-cabeça sem fim.

a) Você concorda com essa afirmação? Explique.

b) Quem você acha que deve montar esse quebra-cabeça?

c) Como você pode ajudar?

2. Cada um de nós é bom em alguma coisa, sabia?

a) Você é bom em quê? Assinale:

_____ Teatro   _____ Canto

_____ Desenho   _____ Ginástica

_____ Dança   _____ Leitura

_____ Futebol   _____ Matemática

_____ Piadas   _____ Malabarismo

_____ Música   _____ Natação

Outra habilidade. Qual? _____

b) Agora, complete:

A(s) habilidade(s) que você assinalou é(são) a(s) sua(s)

peça(s) no _____ do mundo.

3. Quando você crescer, poderá ser um especialista. Então você terá uma peça maior para o quebra-cabeça do mundo. O que você gostaria de ser?

_____ Médico   _____ Artista

_____ Advogado   _____ Arquiteto

_____ Dentista   _____ Engenheiro

_____ Cientista   _____ Humorista

_____ Psicólogo   _____ Cantor

_____ Político   _____ Ator

_____ Professor

Outra profissão. Qual? _____

Vamos refletir?

4. Substitua os desenhos por palavras e depois leia as frases com atenção.

- Você é um _____ para o _____, sabia?

- Você pode ajudar a entender o _____, quando cuida com _____ de suas qualidades especiais.

- Os _____ são alguns dos meios para entender o

_____ e as _____.

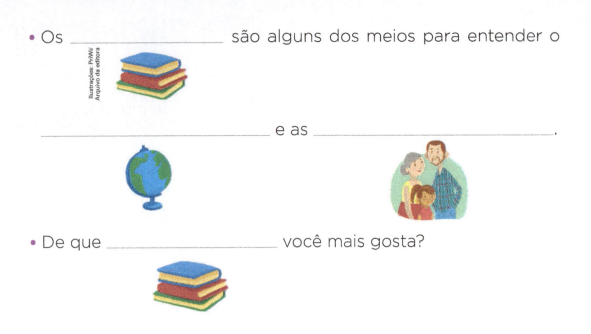

- De que _____ você mais gosta?

- Você já conhece o _____ sagrado da sua religião?

5. Você sabia que a curiosidade é a semente do aprender?

a) Desenhe uma semente.

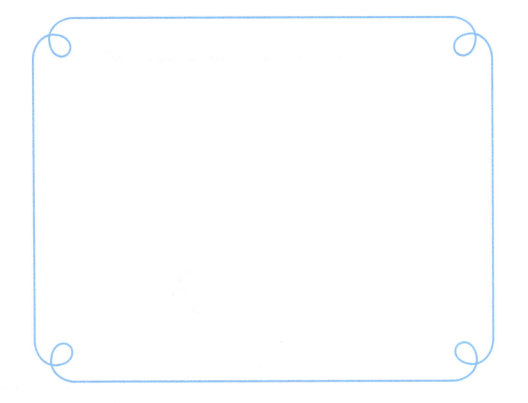

b) Do que uma semente precisa para germinar e se desenvolver? Circule.

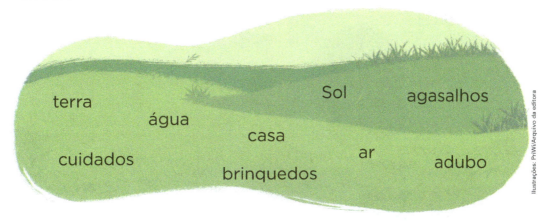

c) Do que precisamos, além de curiosidade, para que haja aprendizagem? Circule.

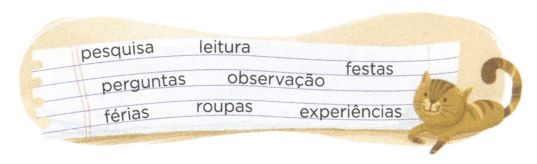

6. Duas crianças perderam-se em uma trilha. Para achar o caminho de casa, usaram os conhecimentos aprendidos na escola.
Leia as alternativas e marque qual delas você acha melhor. Depois, comente a sua escolha.

☐ A casa dessas crianças ficava perto do mar. Por isso seguiram o curso de um rio, pois aprenderam que os rios correm para o mar.

☐ Encontraram uma cerca. Resolveram segui-la porque aprenderam que, onde há cercas, há casas e pessoas por perto.

Comentário:

_____

_____

CAPÍTULO 12

Estudar para ajudar

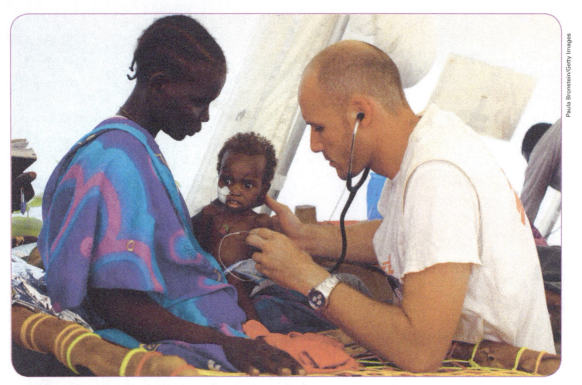

Profissionais de saúde do mundo todo se inscrevem no programa Médicos Sem Fronteiras para ajudar populações necessitadas. Pacientes são atendidos por um médico no Sudão do Sul. Foto de 2012.

Outra vantagem de estudar é poder ajudar as pessoas. Muitas coisas foram descobertas por estudiosos.

No mundo inteiro, sempre houve pessoas que dedicaram seus estudos a ajudar os necessitados.

No Brasil, há poucos anos tivemos um estudioso que distribuiu muita comida aos que passavam fome. Apesar de doente, ele liderou um movimento de ajuda aos pobres que não tinham o que comer. O nome dele era Herbert José de Souza, conhecido por Betinho. Ele já faleceu, mas o movimento que criou continua alimentando muitas pessoas.

Herbert José de Souza. Foto de 1993.

Ler é gostoso

Se eu pudesse

Se eu pudesse dava um globo terrestre
a cada criança...
Se possível até
um globo luminoso,
na esperança
de alargar ao máximo
a visão infantil
e de ir despertando
interesse e amor
por todos os povos,
todas as raças,
todas as línguas,
todas as religiões!...

Mil razões para viver, de D. Hélder Câmara. Rio de Janeiro: Civilização Brasileira, 1987. p. 76.

Brincando de filosofar

Por que é importante a gente se preocupar com os problemas de outros países?

ATIVIDADES

Vamos refletir?

1. Pense grande! No mundo há guerras, acidentes, doenças, egoísmo, ignorância, preconceitos...

a) Como podemos ajudar para que o mundo seja melhor?

_____

_____

b) Você deseja, sinceramente, ver os problemas do mundo resolvidos? O que você faz para isso acontecer?

_____

_____

2. Duas das coisas de que o mundo mais precisa estão neste diagrama. Descubra-as no meio das letras. Pinte ou circule.

P	Q	S	F	G	M	N	T	R	F	Z	X	Y
T	Y	A	M	O	R	G	F	N	L	S	P	Q
M	S	F	T	L	K	N	X	Y	D	B	F	L
F	L	K	G	E	N	T	I	L	E	Z	A	B
S	T	N	F	S	L	X	B	D	V	T	M	K

a) Escreva o que você descobriu: _____

_____

b) Como podemos oferecer essas qualidades ao mundo?

_____

c) A quem você dá amor e gentileza? _____

_____

_____

3. Leia, pense e responda para si mesmo:

O que devo fazer quando vejo...

- alguém triste ou preocupado?
- meu pai descarregando sozinho as compras do mercado?
- um animalzinho sendo maltratado?
- um colega com dificuldades para fazer o exercício que eu entendi tão bem?
- um colega faltando à escola porque está doente?
- um amigo **discriminado** por causa da religião?

Discriminado: alguém que é tratado de modo diferente dos outros, de maneira pior.

4. Relembre as qualidades especiais que você tem para oferecer ao mundo. Desenhe um coração nelas:

_____ Sei alegrar as pessoas.

_____ Sei dizer a coisa certa quando alguém está triste.

_____ Sei consertar coisas quebradas.

_____ Sei fazer belos desenhos.

_____ Sei evitar uma briga entre os colegas.

_____ Sei ajudar quando alguém está em apuros.

_____ Outra qualidade especial. Qual? _____

Trocando ideias

5. No mundo há muitas pessoas necessitadas que precisam das mesmas coisas que nós. E há também pessoas que estudaram para se dedicar a elas. Conheça algumas dessas pessoas e escolha a história de uma delas para contar a seus pais.

Zilda Arns (1934-2010) – médica catarinense. Salvou milhares de crianças que não tinham comida e sofriam violência. Com sua sabedoria e dedicação, fundou a Pastoral da Criança, que ampara e salva crianças desnutridas em todo o Brasil.

Zilda Arns. Foto de 2007.

Albert Schweitzer (1875-1965) – músico alemão muito famoso. Deixou a carreira inicial para estudar Medicina. Depois foi para a África, onde cuidou de muitos doentes e fundou um hospital para atender os mais pobres.

Albert Schweitzer. Foto de 1955.

Mahatma Gandhi (1869-1948) – nasceu na Índia. Formou-se advogado para defender seus irmãos indianos que eram explorados e maltratados como operários, na África do Sul. Liderou o processo de independência de seu país fundamentado no princípio da não violência.

Mahatma Gandhi. Foto de 1941.

Laura Pierino – jovem italiana que se formou em Línguas, na Universidade de Turim, sua cidade na Itália. Deixou seu país e foi viver em Moçambique, na África. Lá, além de cuidar dos doentes, ela se dedica às crianças e mulheres, ensinando-as a ler e escrever.

Laura Pierino (sem data).

OLHANDO MAIS LONGE

Casal de joões-de-barro no Pantanal, município de Poconé, Mato Grosso. Foto de 2014.

O joão-de-barro constrói sua casa com parede interna e com a entrada posicionada na direção contrária à chuva e ao vento.
Mas o ninho é construído sempre do mesmo jeito. Você sabe por quê?

UNIDADE 4

APRENDENDO A VER

13. Ver as coisas belas da vida
14. Ver TV
15. Ver além do que se vê
16. Ver as pegadas de Deus

*Louve a Deus pelas belezas que nos deu.
Louve-o com trombetas, harpas, flautas, tambores e danças.*

Salmo 150

CAPÍTULO 13

Ver as coisas belas da vida

Mar

*No mar,
tem siri e ostra,
marisco e lagosta,
bichos bonitos e esquisitos.*

*O mar
é lindo e gozado.
A gente entra doce
e sai salgado.*

Bem-te-vi e outras poesias, de Lalau e Laurabeatriz. São Paulo: Companhia das Letrinhas, 1994. p. 14.

No segundo ano, estudamos a diferença entre **olhar** e **ver**.

Olhar é uma visão geral, superficial. Muitas vezes, a gente olha e não vê nada.

Ver é um olhar mais atento, profundo.

Você tem a vida toda para aprender a ver:
- as belezas da natureza;
- o céu estrelado;
- o nascer do sol no mar;
- as obras de arte;
- os filmes;
- as fotografias;
- as ilustrações dos livros...

Mas é preciso, principalmente, aprender a ver as pessoas e:
- suas necessidades;
- seus sofrimentos;
- a dedicação delas por outras pessoas;
- seus favores...

Ler é gostoso

Quem é?

A mata,
o pôr do sol,
a montanha
e a cachoeira
são tão grandes
e maravilhosos
que somente alguém
realmente grande
e maravilhoso
poderia tê-los feito.

Fale-me de Deus, de Jacob Garzon. São Paulo: Edição particular, 1997. p. 63.

Brincando de filosofar

Reflita e responda:
Você acha que a TV e os outros meios de comunicação mostram as belezas que não custam dinheiro? Por quê?

ATIVIDADES

Vamos refletir?

1. Leia e observe com atenção.

Agora, converse com o professor e os colegas:

a) O que mudou no segundo quadrinho?

b) Se você estivesse lá, onde colocaria sua moeda? Por quê?

c) Escreva o título deste capítulo perto do quadrinho com que ele mais combina.

2. Os itens abaixo escondem mensagens. Para descobri-las, é só separar as palavras. Tente e depois leia cada uma das frases!

a) Avisãoéomaisimportantedossentidos.

_____

_____

b) Aboavisãoéumprivilégioquedeveserbemaproveitado.

_____

_____

c) Porquemuitasvezesagenteolha,masnãovê?

_____

_____

3. Quais são, para você, as coisas belas da vida? Escreva sua resposta no espaço abaixo, enfeitando-o com desenhos.

Trocando ideias

4. Quando você olha para uma pessoa, consegue ver se ela está alegre, triste, cansada ou assustada? Comente com a turma. Depois, observe os adesivos do final do livro e cole cada um no quadrinho correspondente.

Assustado   Feliz   Zangado   Triste

5. Olhe bem! O que você vê neste quadro? Anote no caderno e depois, com os colegas e o professor, façam uma lista em conjunto na lousa.

O Boi de Mamão é uma festa do folclore do estado de Santa Catarina. *Boi de Mamão*, óleo sobre tela da artista Sônia Furtado.

CAPÍTULO 14

Ver TV

A televisão atualmente é a diversão preferida de muitas crianças e jovens.

Histórias, desenhos, brincadeiras, esportes estão à disposição com um simples toque do controle remoto.

Mas esse mundo encantado da televisão esconde situações que poucas pessoas percebem. Nem tudo o que a televisão mostra é bom para as crianças. Por exemplo: há filmes e certos programas que mostram violência, ódio e vingança. Isso acaba influenciando o modo de viver de muitas pessoas.

Você já notou que, depois de ver um filme ou desenho, a maioria das crianças fica com vontade de imitar as personagens? Há crianças que chegam até a se machucar quando tentam lutar como os heróis das histórias.

As propagandas

Você já ficou com vontade de comprar os produtos anunciados depois de ver várias propagandas? Isso acontece mesmo que a gente não precise de nada do que vimos.

As emissoras de TV dependem das propagandas que as empresas anunciam para se manterem no ar. Por isso, de vez em quando os programas são interrompidos para os anúncios.

Assim, é preciso escolher bem os programas a que iremos assistir. E não pensar que seremos mais felizes se comprarmos as roupas e os tênis desta ou daquela marca que são mostrados na televisão.

Ler é gostoso

Recado do Menino Maluquinho

A televisão abriu para nós
todas as janelas do mundo.
Está na hora de começar a fechar algumas.

O pensamento vivo do Menino Maluquinho, de Ziraldo.
Rio de Janeiro: Ediouro, 1997. p. 45.

Brincando de filosofar

Faça uma pesquisa: pegue um caderno e anote o nome dos produtos que são anunciados nos intervalos de seus programas preferidos. Depois, responda:

- Você já comprou um produto por causa da propaganda televisiva? Por quê?
- Você precisa desses produtos para ser feliz?

ATIVIDADES

Pensando juntos

Para analisar em duplas.

1. Imaginem a situação abaixo.

Um menino pôs uma capa nas costas, subiu no telhado da casa e tentou pular. Ele tinha visto na TV seu herói favorito saltar de um prédio vestido assim.

a) O que vocês acham que o menino pensou?

b) O que poderia ter acontecido, se ele chegasse a pular?

c) O que vocês pensam da influência da TV na vida das pessoas?

2. Leiam as frases que estão nas telas de TV. Escolham uma para comentar e depois contem para a turma.

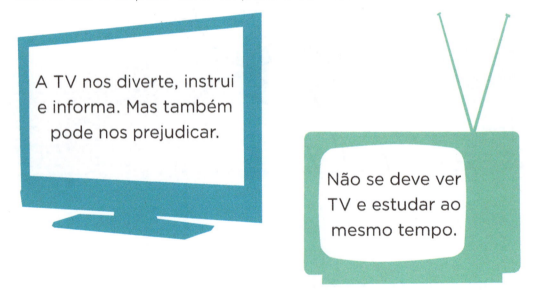

A TV nos diverte, instrui e informa. Mas também pode nos prejudicar.

Não se deve ver TV e estudar ao mesmo tempo.

A TV é uma grande invenção. Mas é preciso ter alguns cuidados com ela.

3. Leiam e observem a tirinha. Depois, conversem com o professor e os colegas sobre as questões a seguir.

a) Por que não é bom ficar muito tempo diante da TV?

b) O que vocês acharam da atitude do menino dos quadrinhos?

Vamos refletir?

4. Para pensar bem e responder:

a) A que programas de TV você costuma assistir?

b) Com quem você conversa sobre seus programas favoritos?

c) Seus pais controlam seus horários de ver TV e os programas a que você assiste? Eles explicam por que fazem isso?

5. Você gosta muito, muito de TV? Verifique, fazendo esse teste. Ao terminar a atividade, some os pontos das respostas que você marcou e que estão entre parênteses.

a) Quantas horas por dia você vê TV?

☐ Não mais de uma. (1)

☐ De duas a quatro. (2)

☐ Mais de quatro. (3)

b) Você estuda e faz as lições com a TV ligada?

☐ Sempre. (3)

☐ Às vezes. (2)

☐ Nunca. (1)

c) Quando você chega da escola, a primeira coisa que faz é:

☐ Brincar. (1)

☐ Estudar. (2)

☐ Ligar a TV. (3)

d) Nos finais de semana, sua diversão preferida é:

☐ Brincar com os amigos. (1)

☐ Passear com a família. (2)

☐ Ver TV. (3)

e) Você seria capaz de ficar uma semana sem TV?

☐ Não. (3)

☐ Não sei. (2)

☐ Sim. (1)

Agora, confira a sua pontuação.
15 pontos: Cuidado, assim é demais!
De 10 a 14 pontos: Atenção, não exagere!
De 5 a 9 pontos: Parabéns, você divide bem o seu tempo!

CAPÍTULO 15

Ver além do que se vê

Para onde vai um cordeiro, os outros vão atrás.

A foto acima mostra uma situação semelhante ao comportamento de algumas pessoas.

Assim como os cordeiros seguem o pastor, elas seguem os artistas de televisão, as modelos, os esportistas, qualquer um que se destaca na sociedade.

Muitas vezes, essas celebridades são pagas para anunciar as novidades dos fabricantes: desde calçados até aparelhos eletrônicos. As pessoas que não conseguem pagar pelos produtos originais acabam comprando imitações.

85

Muitos valorizam as pessoas mais pelo que elas usam e têm do que por suas qualidades humanas, como bondade, solidariedade, amizade, honestidade.

Portanto, é preciso ver além do que se vê.

Ler é gostoso

Toda Mafalda, de Quino. São Paulo: Martins Fontes, 1991. p. 253.

Você conhece alguém que pensa como o amigo da Mafalda?

Brincando de filosofar

O que você entende por "ver além do que se vê"?

ATIVIDADES

Vamos refletir?

1. Leia e pense!

Ver mais longe significa:

- Não desanimar.
- Esforçar-se sempre.
- Ter ideias próprias.
- Pensar antes de agir.

Seguir como um cordeiro significa:

- Imitar os outros.
- Ser um fantoche.
- Não ter opinião própria.
- Agir sem pensar.

De que lado você está? Por quê?

_____
_____

2. Reflita sobre a afirmação a seguir.

É preciso aprender a ser comandante de si mesmo para não seguir os outros como um cordeiro.

- O que você pode fazer para se tornar comandante de si mesmo?

_____
_____

3. No lugar dos desenhos, escreva palavras e depois releia as frases.

a) Usando um _____ você vê mais longe.

Mas usando o _____ você vê ainda mais longe.

b) Para ver mais longe, tudo de que você precisa são seus _____, seu _____ e um pouco de paciência.

Pensando juntos

Para pensar e descobrir em duplas.

4. Uma imagem pode ter várias interpretações.

Olhem a gravura abaixo com bastante atenção! O que vocês conseguem ver? Escrevam ao lado.

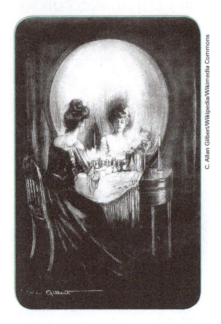

5. Não importa o que estiverem olhando, haverá sempre algo mais a ser visto. Com um pouco de esforço, vocês se surpreenderão. Observem atentamente as gravuras a seguir.

- Na primeira, há três vasos e dois rapazes de chapéu. Tentem encontrá-los.

- Na segunda gravura também há uma surpresa! O que vocês conseguem ver?

_____
_____
_____

IDEIAS EM AÇÃO

Nos gibis, uma lâmpada acesa costuma aparecer sobre a cabeça de quem teve uma boa ideia. Desenhe essa lâmpada nas frases que sugerem boas ideias e tente praticá-las.

☐ Olhar para as pessoas ao falar com elas.

☐ Ver a beleza de pequenos atos, como um sorriso.

☐ Prestar atenção só nas roupas das pessoas.

☐ Apreciar mais a bondade e a inteligência.

☐ Esforçar-se para ver além das aparências.

☐ Imitar os outros sem pensar.

☐ Procurar ter ideias próprias.

☐ Ver com respeito a religião dos outros.

CAPÍTULO 16

Ver as pegadas de Deus

Milhões de pessoas acreditam em Deus, mesmo que ninguém O tenha visto, como vemos nossos pais e amigos.

Algumas pessoas que aprenderam a ver o mundo com suas belezas e com suas variadas formas de vida acreditam que por trás de tudo isso existe um ser muito poderoso e bondoso.

Ler é gostoso

As pegadas de Deus

Um árabe e um cientista europeu viajavam por um deserto. Várias vezes por dia, o árabe ajoelhava-se para rezar.

O cientista disse-lhe um dia:

– Por que fica rezando a Deus, se nunca o viu?

O religioso nada falou.

Passado algum tempo, o cientista apontou para umas pegadas na areia e disse:

– Por aqui passou um camelo.

Então chegou a vez de o árabe perguntar:

– Como sabe que passou um camelo por aqui?

– Ora, exclamou o estudioso, não está vendo as pegadas dele?

Então, o árabe apontou para o Sol, que surgia radiante no deserto e falou:

– Esta é uma das muitas pegadas de Deus.

Adaptado do folclore árabe.

Brincando de filosofar

Você acha que o Sol é uma das "pegadas de Deus"? Por quê?

ATIVIDADES

Vamos refletir?

1. Vá ao quintal, ao jardim ou até uma janela e experimente olhar à sua volta.

- Se tiver nuvens, observe-as.

    Veja como elas mudam de forma quando o vento sopra.

    Que tal desenhá-las?

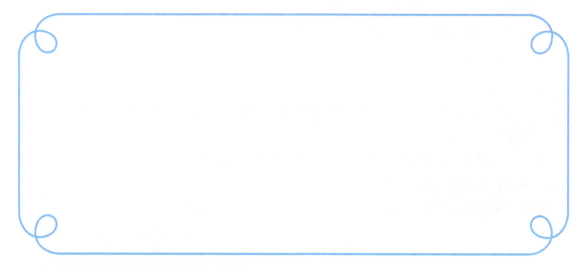

- Agora, observe uma árvore.

    Veja como seus ramos e suas folhas dançam ao vento.

    Desenhe isso!

- Observe também os passarinhos e as borboletas.

    Veja como voam.

    Vamos desenhá-los?

- Agora, observe a si mesmo.

    Repare como você se alegra e se diverte em uma brincadeira.

    Desenhe-se, expressando alegria.

- Pense e responda: você acha que essas são ou não são pegadas de Deus?

2. Nós não podemos **ver** Deus. Mas podemos **ver** e **perceber** os sinais Dele em toda parte. Pense e complete:

- Sinais de Deus na natureza:

_____ _____

_____ _____

_____ _____

_____ _____

- Sinais de Deus nas pessoas:

_____ _____

_____ _____

_____ _____

_____ _____

3. Podemos ver também os sinais de Deus nos livros sagrados, nas mensagens e nos ensinamentos neles escritos.

a) Desenhe o livro sagrado de sua religião e escreva o nome dele na capa.

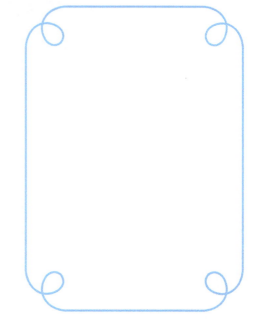

b) Qual é o principal ensinamento de seu livro sagrado?

___

IDEIAS EM AÇÃO

Ajude sua turma a montar um painel com o título: **As pegadas de Deus**.

Momento de oração

Cole aqui uma linda gravura que o faz pensar em Deus. Logo abaixo, escreva uma oração de louvor e gratidão.

OLHANDO MAIS LONGE

Cupido, deus do amor, de Étienne-Maurice Falconet, 1757.

Esta obra de arte é muito antiga. Ela ainda existe porque foi amada e cuidada.

Até hoje, encanta os olhos de quem aprendeu a ver.

Boas férias e até o ano que vem!

Amélia e Avelino.

COMEMORAR PARA CRESCER

- Dias especiais, 98
- Cantinho das canções, 124

Dias especiais

Dias especiais são aqueles dias em que celebramos alguma coisa boa da vida. O nosso aniversário, por exemplo, é um dia especial que merece ser comemorado.

Em algumas datas, somos também convidados a pensar sobre a solidariedade e o amor ao próximo.

Neste caderno, vamos tratar de alguns desses dias ou épocas comemorativas do ano. É um convite para você aprender a refletir, a pensar nos outros e a celebrar com amor e alegria.

Campanha da Fraternidade

Durante a Quaresma

Você já ouviu falar da Campanha da Fraternidade? É uma campanha que os cristãos realizam todos os anos no Brasil, antes da Páscoa, para nos lembrar de que fomos feitos para viver como irmãos.

Ser fraterno é ser irmão, é amar, é ter compaixão por aqueles que sofrem, é repartir o que temos.

Pessoas de todas as religiões do mundo são convidadas a construir a fraternidade. É para isso que a campanha é promovida todos os anos.

Vamos participar?

Ler é gostoso

Eu partilhei

Certa vez, uma mendiga pediu algo para comer em uma casa. A dona da casa, como não tinha comida para oferecer e como era período de inverno, deu-lhe um cobertor.

Passados alguns dias, a senhora viu a mendiga debaixo de uma marquise com apenas um pedaço do cobertor que ela havia lhe dado.

> **Marquise:** cobertura, geralmente como uma laje ou placa de cimento, que protege a porta de entrada de prédios.

Passado algum tempo, a pobre mendiga voltou à mesma casa e, novamente, pediu algo para si. A dona da casa não escondeu sua indignação e lhe disse:

— Não vou lhe dar nada hoje. Outro dia, dei-lhe um cobertor e você não o valorizou, pois o rasgou em pedaços.

A mendiga, então, respondeu:

— Valorizei, sim, e muito! É que um amigo meu estava com frio e eu partilhei com ele o meu cobertor.

Sabedoria em parábolas, do prof. Felipe Aquino. 4. ed. Lorena: Cléofas, 2001. p. 103.

ATIVIDADES

Vamos refletir?

1. Pesquise e escreva o tema da Campanha da Fraternidade deste ano.

_____

_____

2. Faça um desenho que lembre um ato de fraternidade.

Pensando juntos

3. Você sabe reconhecer gestos ou atitudes de fraternidade? Junte-se a um colega e descubra alguns neste quadro.

Trocando ideias

4. O que você achou do gesto da mendiga da história da página 100? Comente com o professor e os colegas.

Páscoa

Março ou abril (festa móvel)

Celebração de Páscoa em Jerusalém, Israel. Foto de 2014.

A festa mais importante dos cristãos é a Páscoa.

Nessa data comemora-se a ressurreição de Jesus. Isso quer dizer que, depois de morto, Ele ressuscitou, isto é, voltou a viver.

A Páscoa também é uma importante festa para os judeus. Nela, eles celebram o fim da escravidão de seu povo no Egito.

A Páscoa, tanto dos cristãos quanto dos judeus, sugere o começo de uma nova vida, baseada na fraternidade, na liberdade, na justiça e no amor.

Ler é gostoso

Eu creio num mundo novo,
pois Cristo ressuscitou!
Eu vejo sua luz no povo,
por isso alegre sou.

Mundo Novo, de Ney Brasil.

ATIVIDADES

Vamos refletir?

1. Complete as frases com as palavras do desenho.

Com a vida nova comemorada na Páscoa, nós somos capazes de...

a) dizer a _____ em vez de mentir;

b) espalhar _____ em vez de tristeza;

c) praticar a _____ em vez da maldade;

d) procurar a _____ em vez da guerra;

e) fazer _____ em vez de brigar.

2. Escreva no cartão seus votos de alegria e de uma vida nova para sua família nesta Páscoa.

3. Escreva neste espaço palavras que lembrem a festa da Páscoa.

Dia Internacional do Planeta Terra

22 de abril

A Terra é considerada única porque, até agora, não se conhece, no Universo inteiro, outro planeta com a presença de seres vivos.

O astronauta russo Yuri Gagárin, quando viu a Terra de longe no espaço, exclamou: "Ela é tão linda!".

Pois é! Essa Terra tão linda, que nos tem dado tudo de que precisamos para viver, está ameaçada pelo desmatamento, pela poluição e por muitos outros problemas.

Você sabia que o modo como vivemos afeta os seres vivos de outros lugares do planeta?

Somos, portanto, responsáveis pelo que acontece com a Terra. Cada um, fazendo a sua parte, estará ajudando a preservar também a própria vida.

MENINO CARANGUEJO / CHICOLAM

"Nosso planeta natal é lindo, miraculoso e, possivelmente, único no Universo."

David de Rothschild

Miraculoso: milagroso.

Ler é gostoso

Faça a diferença

Um escritor deixou a cidade para viver em uma tranquila praia. Todas as manhãs ele caminhava à beira do mar para se inspirar.

Certo dia, caminhando na praia, viu um vulto que parecia dançar. Ao chegar perto, reparou que se tratava de uma jovem que recolhia estrelas-do-mar para jogá-las de volta ao oceano. O escritor perguntou:

— Por que você está fazendo isto?

— Você não vê? — respondeu a moça. — A maré está baixa e o Sol está forte. Elas vão secar e morrer se ficarem aqui na areia.

O escritor espantou-se:

— Minha jovem! Existem milhares de quilômetros de praia por este mundo afora e milhares de estrelas-do-mar espalhadas pela praia. Que diferença faz? Você joga algumas de volta, mas a maioria vai morrer de qualquer forma.

A jovem, então, pegou mais uma estrela na areia, jogou-a de volta ao mar e disse:

— Para esta aqui eu fiz a diferença...

Histórias que ensinam. Equipe do jornal *Missão Jovem*. São Paulo: Mundo e Missão, 2003. p. 73.

ATIVIDADES

Vamos refletir?

1. Cante e pense:

O planetinha

Pe. Zezinho

No meio de milhões de astros
No meio de milhões de sóis
Existe um planetinha
Que gira, gira, gira, gira sem parar...

Vai girando, vai girando ao redor do astro rei
Leva um ano inteirinho para rodear o Sol
Leva vinte e quatro horas pra fazer um rodopio.
É o meu planeta, o planeta Terra, o planeta azul
E eu moro nele no ocidente, hemisfério sul.

Mas eu tenho uma historinha muito triste pra contar
Estão sujando o meu planeta, acabando com suas águas
Destruindo as suas matas, poluindo o céu azul.
Mais um pouco e não tem peixe
Não tem água e não tem vida
Mais um pouco e não tem aves
Não tem ar pra respirar.

O que é que uma criança poderá fazer de bom
Para proteger a vida e salvar o que restou?
Quando eu crescer, vou defender o meu planeta
E libertá-lo da destruição.
Vocês verão! Vocês verão!

CD *Criancices*, Paulinas/COMEP.

Pensando juntos

2. Você já ouviu falar nos três **R**s? Junto com um colega, descubra o que se pode **r**eduzir, **r**eutilizar e **r**eciclar. Escreva nos espaços abaixo.

Reduza _____

_____

Reutilize _____

_____

Recicle _____

_____

Trocando ideias

3. A dedicatória abaixo foi escrita em um livro sobre o meio ambiente. Leia-a, comente-a e depois responda.

> Dedicamos este livro ao pequeno e indefeso planeta Terra, que tão bravamente tem suportado as injustiças que o ser humano tem feito com ele, nestes milhares de anos.

Ensinando a criança a amar a natureza, de Vânia e Walter Dohme. Petrópolis: Vozes, 2009.

a) Quais são as injustiças que o ser humano cometeu e ainda comete contra o planeta Terra?

_____

_____

_____

b) Como você pode colaborar para combater essas injustiças contra o nosso planeta?

_____

_____

_____

Dia da Paz e da Não Violência

21 de setembro

Todas as pessoas, inclusive as crianças, sonham com um mundo cheio de amor, alegria e paz.

Mas o que é preciso fazer para que este sonho se torne realidade?

Primeiro é preciso acabar com o egoísmo e a violência. E cada um deve começar por si, praticando a bondade e o perdão.

Quem é bom de verdade trata bem seus pais, irmãos, colegas e amigos. Sabe ser gentil com as pessoas e procura ajudá-las sempre que pode. Também trata bem os animais e as plantas.

Não podemos esquecer que fomos feitos para viver juntos como irmãos. Quando as pessoas se convencerem disso, a paz brotará naturalmente entre elas.

Ler é gostoso

A cidade feliz

Um rei estava muito preocupado com o crescimento da violência em sua cidade. Mandou mensageiros pelo mundo para descobrir uma boa forma de organizar a cidade com segurança.

Um dos mensageiros voltou dizendo que encontrou a resposta numa das cidades que visitou.

O rei, então, perguntou:

— Como são as muralhas dessa cidade? Como é o treinamento da polícia? Como são os alarmes e os equipamentos de segurança?

O mensageiro respondeu:

— A cidade que eu visitei não tem nada disso. Ela é sem muros, sem armas e a polícia serve só para orientar e socorrer pessoas em emergência.

E terminou, dizendo:

— O equipamento de segurança dessa cidade é um só: pessoas bondosas, felizes e fraternas, que vivem em paz, cuidando umas das outras, e que não dão espaço para o mal.

Histórias que ensinam. Equipe do jornal *Missão Jovem*. São Paulo: Mundo e Missão, 2003. p. 75.

ATIVIDADES

Vamos refletir?

1. Quais são as atitudes de quem é bom? Faça o desenho de uma pessoa e escreva ao redor dela algumas atitudes que mostram sua bondade.

2. Pense em algumas coisas boas que você já faz e podem ajudar a construir a paz no mundo. Escreva-as abaixo.

_____

_____

_____

3. Você conhece o **lírio da paz**? Pesquise imagens dessa flor, desenhe-a no quadrinho e escreva uma frase sobre ela.

4. Desenhe aqui os símbolos da paz que você conhece.

IDEIAS EM AÇÃO

Que tal organizar uma caminhada pela **paz**? Com a orientação do professor, preparem bandeirinhas e balões brancos e escrevam neles a palavra **paz**. Depois, levando esses símbolos, visitem outras turmas do colégio, para desejar a paz, declamando ou cantando:

Te ofereço paz

Te ofereço paz
Te ofereço amor
Te ofereço amizade.

Ouço tuas necessidades
Vejo a tua beleza
Sinto os teus sentimentos.

Minha sabedoria flui
De uma fonte superior
E reconheço essa fonte em ti
Trabalhemos juntos.

Valter Pini. Grupo Arte Nascente (ou Sal da Terra).

Dia das Crianças
12 de outubro

Quase todos os países do mundo comemoram um dia especial dedicado às crianças. Mas as datas são diferentes de um país a outro.

No Brasil, o Dia das Crianças é celebrado em 12 de outubro, data sempre esperada com muita ansiedade e expectativa.

Esse dia foi criado como incentivo para que as crianças se sintam valorizadas e amadas e, de modo especial, para lembrar e comemorar os seus direitos.

E quais são os direitos das crianças? São muitos: amor, moradia, igualdade, proteção, alimentação, saúde, lazer, educação, entre outros.

É muito importante que as crianças conheçam seus direitos!

Ler é gostoso

Você conhece seus direitos?

IGUALDADE
Tudo em nós pode ser diferente: a cor da pele, o jeito de ser, a religião, a nacionalidade... mas nós continuamos a ser iguais.

SOLIDARIEDADE
Ensinem-me a semear a paz ao meu redor, para que eu ajude a construir um mundo mais justo.

IDENTIDADE
Para ser pessoa, eu preciso de um nome, de uma pátria, de uma família.

EDUCAÇÃO
Aceitem-me como sou, eduquem-me como eu preciso e ensinem-me a pensar, a brincar e a olhar pelos outros.

QUALIDADE DE VIDA
Preciso de uma casa, de escola, de alimentação saudável e de amigos com quem brincar.

PROTEÇÃO
Preciso que cuidem de mim! Que protejam a minha cidade, o meu país e defendam a Terra. Quem souber de alguma criança maltratada, não se cale! Grite bem alto contra a opressão.

Adaptado de: *Educando para a vida*, de Mauri Luiz Heerdt e Paulo De Coppi. São Paulo: Mundo e Missão, 2005. p. 156.

ATIVIDADES

Vamos refletir?

1. Pense e responda só no seu coração:

a) Você já foi desrespeitado em algum desses direitos? Como se sentiu?

b) Qual desses direitos deixa você mais feliz? Por quê?

c) Como você gostaria de comemorar o próximo Dia das Crianças?

Trocando ideias

2. Converse com o professor e os colegas sobre as questões a seguir.

a) Você conhece crianças que não são respeitadas em seus direitos? Comente.

b) Em sua opinião, por que há crianças nas ruas?

c) O que você acha que se deve fazer para que as crianças sejam cidadãs de fato?

Momento de oração

Procure, no fim do capítulo 9, a **Oração de uma criança** e escolha um trechinho para escrever aqui.

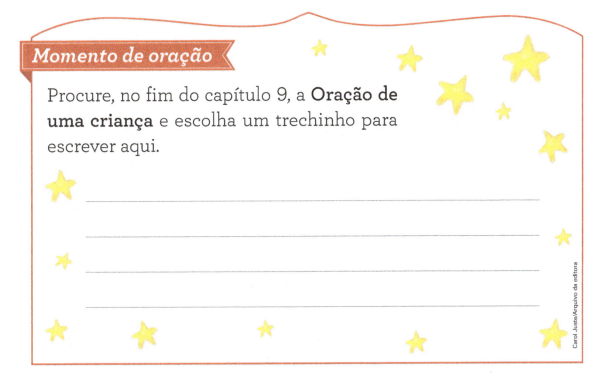

_____

_____

_____

Dia do Perdão (*Yom Kippur*)

Setembro ou outubro (festa móvel)

Celebração do *Yom Kippur*, em Jerusalém, Israel. Foto de 2013.

A Bíblia judaica contém muitas mensagens de arrependimento pelos pecados cometidos pelos homens. E os judeus comemoram um dia dedicado especialmente ao perdão. É o *Yom Kippur*, a data mais sagrada do calendário judaico.

O *Yom Kippur* marca o fim de dez dias de penitência. As pessoas passam a maior parte desse dia na sinagoga, em orações, confessando seus pecados e pedindo perdão a Deus.

Também se reconciliam mutuamente, pedindo perdão uns aos outros e se saúdam com votos de um ano bom pela frente.

Antigamente, nesse dia, o sacerdote oferecia um sacrifício em nome de todos e enviava ao deserto um bode que, simbolicamente, levava embora os pecados do povo. Tornou-se conhecido como "bode expiatório", pois expiava os pecados das pessoas, isto é, pagava por eles com a própria vida ao ser abandonado no deserto.

O *Yom Kippur* começa antes do pôr do sol e só termina no início da noite seguinte.

Penitência: tarefa incômoda ou sacrifício que uma pessoa assume, por vontade própria, para pedir perdão por um erro cometido.
Expiar: livrar-se dos pecados, purificar-se.

Ler é gostoso

Ponte em lugar de muro

Dois irmãos viviam em paz num sítio. Era um cenário encantado pelo canto da passarada e o murmúrio das águas do riacho.

Um dia, a felicidade foi embora, porque os irmãos se desentenderam.

Um deles, então, chamou um pedreiro e mandou erguer um muro para isolar as duas propriedades.

— Quando eu voltar da minha viagem — ordenou ele ao pedreiro —, quero ver o muro pronto.

Mas, após um mês, ao retornar, teve uma surpresa: em lugar do muro encontrou uma ponte. E, antes que pudesse tirar satisfação com o pedreiro, viu seu irmão de braços abertos, atravessando a ponte.

E, assim, um abraço carinhoso de perdão reinstalou a paz entre os dois irmãos.

Livro da família, de Miron Stoffels. Porto Alegre: Padre Reus, 2010. p. 73.

ATIVIDADES

Pensando juntos

1. Junto com um colega, sublinhe as palavras que combinam com o Dia do Perdão.

> trabalho   arrependimento   celebração
> desculpa   cansaço   perdão   ofensa
> paz   coração   sinceridade   humildade

2. Em duplas, consulte o texto da página 116 e complete as frases:

- O Dia do Perdão que os judeus comemoram chama-se, na língua deles, _____.

- No Dia do Perdão, as pessoas fazem as pazes umas com as outras e pedem perdão a _____.

- O Yom Kippur começa antes do pôr do sol e só termina _____.

Trocando ideias

3. Leia a frase e converse com o professor e os colegas sobre as questões a seguir.

> O fraco jamais perdoa. O perdão é característica do forte.
>
> Gandhi

a) Você concorda?

_____
_____
_____
_____

b) Você se considera fraco ou forte? Por quê?

_____
_____
_____

c) Você já teve oportunidade de perdoar alguém? Conte como foi.

_____
_____
_____
_____
_____

4. Cante com a melodia de "Terezinha de Jesus":

Vamos, vamos, minha gente
Aprender a perdoar
Quem perdoa é mais contente
Vive em paz e sabe amar.
Quem perdoa de verdade
Perdoado vai ficar.
Quem perdoa com bondade
Ajuda o mundo a melhorar.

Natal

25 de dezembro

Rua decorada para o Natal, em bairro da cidade de São Paulo.

Natal é o dia em que os cristãos comemoram a vinda de Jesus ao mundo.

Segundo a Bíblia, ele nasceu em uma gruta em Belém, uma cidade da Palestina, e veio para ensinar a humanidade a amar, a construir um mundo de paz e a ser feliz.

Nessa data, as pessoas enfeitam suas casas e as ruas com luzes coloridas. As famílias se reúnem, as pessoas se abraçam e desejam Feliz Natal umas às outras. Muitos vão à igreja, onde participam de alegres comemorações.

É costume os familiares e amigos trocarem presentes como forma de relembrar o nascimento de Jesus.

O Natal é uma das festas mais importantes do calendário cristão.

Ler é gostoso

A árvore de Natal

Conta a tradição que a primeira árvore de Natal foi montada na Alemanha por Martinho Lutero, o fundador da Igreja luterana.

Certa noite, pouco antes do Natal, Lutero passeava por um bosque de pinheiros. De repente, olhou para o céu e viu as estrelas que brilhavam entre os ramos das árvores, parecendo luzes de velas a cintilar na noite.

Lutero foi então para casa, levando um pinheirinho e o enfeitou com pequeninas velas acesas. Reuniu, ao redor dele, as crianças de sua cidade e lhes disse:

— Vejam! Estas velas simbolizam as estrelas do céu, de onde o Menino Jesus veio para salvar o mundo.

Hoje a árvore de Natal é um símbolo de vida. Ela representa o próprio Cristo, que é a verdadeira vida.

Símbolos de Natal, de Suely Mendes Brandão e Natália Maccari. 6. ed. São Paulo: Paulinas, 2006. p. 8.

ATIVIDADES

Vamos refletir?

1. Ligue os pontos e descubra um lindo símbolo de Natal. Depois, pinte o desenho.

2. Observe os belos símbolos de Natal e complete a cruzadinha com o nome deles.

3. Pinte o cartão e escreva nele uma mensagem de Natal para seus colegas de sala.

Cantinho das canções

SEJA BEM-VINDO
Verônica Firmino

Seja bem-vindo, ô, ô, ô!
Seja bem-vinda, ah, ah, ah!

Que bom que você veio é bom nos encontrar! (2x)
A nossa amizade nós vamos festejar (2x)

O amor e a alegria nós vamos partilhar (2x)
A fé e a esperança nós vamos celebrar. (2x)

CD *Vamos animar e celebrar* – Paulinas/COMEP

CANTIGA DE PAZ

Zé Vicente

Vem cantar comigo esta canção do amanhã
Vamos na esquina deixá-la em cartaz
Seja bem-vinda a paz!
Vamos pela rua em passeata popular
Venham, venham todos, não vale esperar
Pra ver acontecer tem que lutar.

E todos seremos iguais
O dia é a gente que faz
Quem planta a justiça refaz
A estrada da vida e da paz

Vem, vamos interrogar ao rei computador
O que fazer pra ver reinar o amor
E como desarmar o coração e a razão
Dos homens violentos que não olham pra trás
O que a guerra fez e faz.

Venha quem chorou e machucado foi
Na praça envergonhada a violência está
E quem pisou vai ter que constatar
Que é bem melhor servir do que matar.

CD *Canções de PAZ* – Paulinas/COMEP

DEIXE-ME SER

Afonso Horácio Leite

Deixe-me ser, láláiá
Sou uma criança, láláiá
Eu também sou gente, láláiá
Sonho na esperança, láláiá

Quero vida de criança, sonho um sonho pequenino
De uma vida com fartura para todos, com carinho
Quero vida de criança, sem o peso do trabalho
Com jogos e brincadeiras um direito que eu não calo

Quero vida de criança, filho de trabalhador
Estar com ele em suas lutas para vencer tanta dor
Quero vida de criança, sou de uma comunidade
Nas ações que ela leva, quero estar lá à vontade

Quero vida de criança num mundo tão desigual
Quero que a minha voz denuncie tão grande mal
Quero vida de criança que anuncie o mundo novo
Com ações de todos juntos para o bem de todo o povo.

CD *Sonho de menino* – Paulinas/COMEP

NOVO DIA JÁ VEM

Verônica Firmino

Vem, dá-me tua mão
Vamos juntos cantar
E plantar amor nos corações
Vem, dá-me tua mão
Vamos juntos construir
Um mundo mais feliz, irmão.

Novo dia já vem
Ano novo também
É sempre tempo de amar
Somos todos irmãos
Vamos nos dar as mãos
E abrir as portas do coração.

Vem, vamos regar
O jardim da vida
Com os sonhos da paz
Vem, vamos plantar
Canteiros de esperança
De alegria e de luz.

O que passou, passou
Vamos caminhar só fazendo o bem
Estendendo a mão, acolhendo o irmão
Num abraço de compreensão
Vamos juntos viver semeando a paz
Vida nova nascerá: a civilização do amor.

CD *Vamos animar e celebrar* – Paulinas/COMEP

O PLANETINHA

Pe. Zezinho

No meio de milhões de astros
No meio de milhões de sóis
Existe um planetinha
Que gira, gira, gira
Gira sem parar

Vai girando, vai girando ao redor do astro rei
Leva um ano inteirinho para rodear o Sol
Leva vinte e quatro horas para fazer um rodopio

É o meu planeta, o Planeta Terra, o planeta azul
E eu moro nele no ocidente, hemisfério sul

Mas eu tenho uma historinha
Muito triste para contar
Estão sujando o meu planeta
Acabando com as suas águas
Destruindo as suas matas
Poluindo o céu azul.

Mais um pouco e não tem peixe
Não tem água e não tem vida
Mais um pouco e não tem aves
Não tem ar para respirar

O que é que uma criança
Poderá fazer de bom
Para proteger a vida
E salvar o que restou

Quando eu crescer
Vou defender o meu planeta
E libertá-lo da destruição
Vocês verão, vocês verão.

CD *Criancices* – Paulinas/COMEP

CRIANÇAS ALEGRES SOMOS

Afonso Horácio Leite

Crianças alegres somos, gostamos é de brincar
Gostamos de ser amigos e de todos alegrar

É palma, é palma, é pé, é pé
É roda, é roda, que bom que é

Gostamos de trabalhar, de criar com nossas mãos
Gostamos de fazer mandado, que não tenha exploração

Gostamos de estudar o que interessa a gente
Gostamos de TV que não mata a nossa mente

Gostamos é de brincar, mas bem temos consciência
Com as armas de brinquedo nasce a guerra e a violência.

CD *Sonho de menino* – Paulinas/COMEP

NATUREZA É VIDA

Oswaldo Biancardi

Um pássaro, um rio, uma flor
A cachoeira, a brisa e o mar
Um caminho, a relva, um campo
A vida não pode acabar.

Toda vez que se corta uma árvore
Se destrói um pedaço da flora
Quando o ar se mistura à fumaça
É a fauna que morre e que chora.

Vamos fazer nossa parte
Mudando a mentalidade
E, quem sabe, um dia
Traremos o campo para nossa cidade.

*Mãe natureza, natureza é vida
Esse é o caminho, é a nossa saída.*

CD *Priscila – Mundo Criança* – Paulinas/Comep

VAGA-LUME

Ir. Maria do Rosário A. Siqueira

Era noite na floresta, vaga-lume apareceu,
Era tudo tão escuro, ele se entristeceu
Acendeu sua lanterninha, mas de nada adiantou
A floresta era tão grande, e nada, nada iluminou

Trá, lá, lá...

Vaga-lume, então pensou: eu já sei o que vou fazer
Se unirmos nossas forças o trabalho vai render
Vou chamar meus amiguinhos, para virem me ajudar
E com as nossas lanterninhas vamos tudo iluminar

Veio um, mais um, mais um, mais um, mais um...

É um tal de pisca, pisca, pisca, pisca sem parar
Vejam só, meus amiguinhos. Oh! Que linda a noite está
Assim, todos se ajudando, formou-se a multidão
A floresta inteirinha transformou-se num clarão!

Pisca, pisca, pisca... sem parar

CD *Sementinha 4* – Paulinas/COMEP

DEUS NOS ABENÇOE

Zé Vicente

Deus nos abençoe, Deus nos dê a paz
A paz que só o amor é que nos traz

A paz na nossa vida, no nosso coração
E a bênção para toda a criação
A paz na nossa casa, nas ruas, no país
E a bênção da justiça que Deus quis

A paz pra quem viaja, a paz pra quem ficou
E a bênção do conforto a quem chorou
A paz entre as igrejas e nas religiões
E a bênção da irmandade entre as nações

A paz pra toda a Terra e a terra ao lavrador
E a bênção da fartura e do louvor.

CD *Canções de PAZ* – Paulinas/COMEP

SÍMBOLOS DA PÁSCOA

João Collares

O Ovo de Páscoa simboliza a vida
O Coelhinho da Páscoa simboliza fertilidade

Com muita alegria nós vamos cantar
Cantar uma linda canção repleta de paz
E de amor aos irmãos
A Páscoa é Ressurreição.

Que um mundo de paz venha em nós renascer
Que a semente do amor possa reflorescer
Num abraço de paz e de fraternidade
Que a Páscoa nos traga a felicidade.

CD *Calendário Escolar Musicado* – datas comemorativas
vol. 1 – Paulinas/COMEP

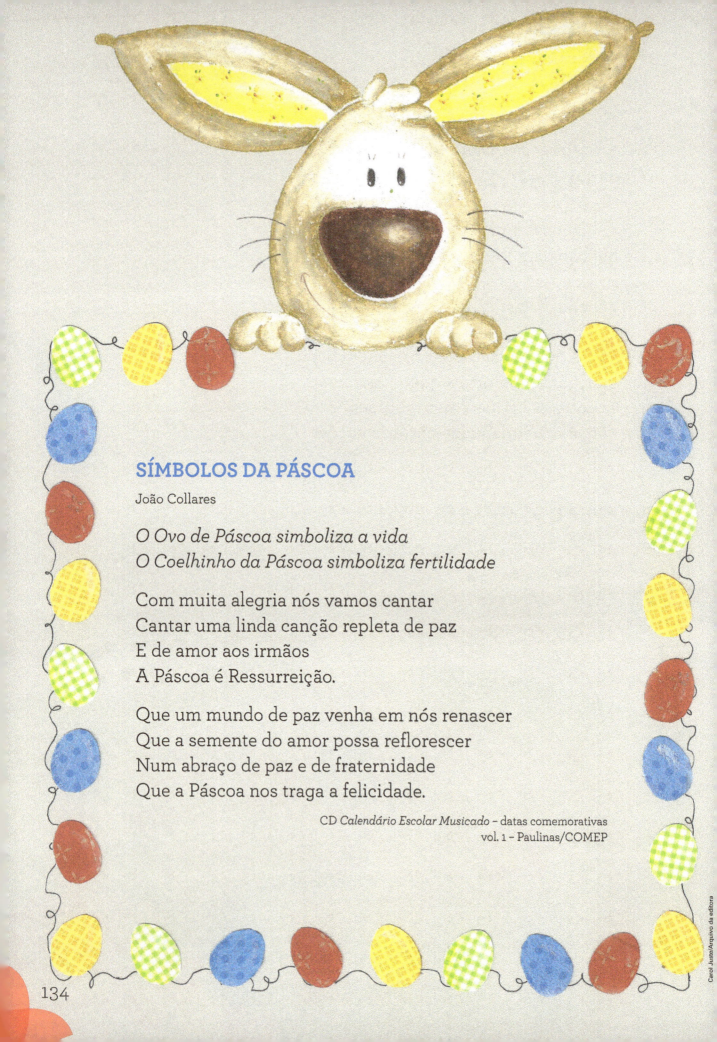

CRIANÇA CERTEZA

Verônica Firmino

Quando toda criança, no lar e na escola
Receber dos adultos, respeito e amor
O nosso país será diferente
Será bem mais gente, será mais irmão.
Crianças de rua não existirão
Se estendermos as mãos e abrirmos o coração
Não é só um trocado ou um pedaço de pão
Todos têm o direito de ser cidadão.

Criança esperança de um país feliz
Criança é a certeza de um mundo melhor
Depende de você, abra o seu coração

Chega de promessas e de fantasias
O futuro é agora, já começou
Amanhã será tarde, faça hoje sua parte
Não depende da sorte, mas do coração.
A fraternidade, a solidariedade
Nos libertarão da opressão
Das ruas dos becos, dos vícios, das drogas
E de toda forma de escravidão.

CD *Vamos animar e celebrar* – Paulinas/COMEP

PARABÉNS!

Você chegou ao final do livro!

Certamente, fez um belo trabalho!

Nesta página, você vai escrever uma frase, fazer um desenho ou uma colagem sobre um assunto de que gostou muito.

Vamos lá!